博物馆商标权保护与品牌授权

王月芳 著

知识产权出版社
全国百佳图书出版单位
—北京—

图书在版编目（CIP）数据

博物馆商标权保护与品牌授权 / 王月芳著 .—北京：知识产权出版社，2023.1
IISBN 978-7-5130-8301-0

Ⅰ . ①博… Ⅱ . ①王… Ⅲ . ①博物馆—馆藏—知识产权法—基本知识—中国
Ⅳ . ① D923.404

中国版本图书馆 CIP 数据核字（2022）第 150650 号

内容提要

本书从博物馆商标确权、维权和使用的角度对博物馆商标保护进行论述，同时分析博物馆品牌授权的特殊性和品牌授权过程中的权益保护问题，提出博物馆商标保护难点和立法建议，讨论了博物馆商标保护和品牌授权管理制度建设问题。

本书适合博物馆从业人员、博物馆学专业研究人员及知识产权相关人员阅读。

责任编辑：龚　卫　　　　　　　　　　　责任印制：刘译文
执行编辑：王禹萱　　　　　　　　　　　封面设计：乾达文化

博物馆商标权保护与品牌授权
BOWUGUAN SHANGBIAOQUAN BAOHU YU PINPAI SHOUQUAN

王月芳　著

出版发行：	知识产权出版社 有限责任公司	网　　址：	http://www.ipph.cn
电　　话：	010-82004826		http://www.laichushu.com
社　　址：	北京市海淀区气象路 50 号院	邮　　编：	100081
责编电话：	010-82000860 转 8120	责编邮箱：	gongwei@cnipr.com
发行电话：	010-82000860 转 8101	发行传真：	010-82000893
印　　刷：	天津嘉恒印务有限公司	经　　销：	新华书店、各大网上书店及相关专业书店
开　　本：	720mm×1000mm　1/16	印　　张：	11.5
版　　次：	2023 年 1 月第 1 版	印　　次：	2023 年 1 月第 1 次印刷
字　　数：	168 千字	定　　价：	58.00 元

ISBN 978-7-5130-8301-0

出版权专有　侵权必究
如有印装质量问题，本社负责调换。

前　　言

自2012年以来，笔者一直在故宫博物院从事商标维权和品牌授权项目管理工作。似乎从入职的那天起，笔者的工作便与商标保护有着千丝万缕的联系。一方面经历了文化产业的蓬勃发展，另一方面也感受到博物馆在文化产业中的作用不断增强。近些年，故宫博物院的品牌影响力越来越大，社会上的攀附和模仿行为也日益增多。笔者在工作中经历了各种维权案件，开始不断思考博物馆商标权保护的诸多问题，萌生了将博物馆商标权保护研究系统化的想法。

学界对博物馆商标权保护的研究是非常有限的，无论是在博物馆学领域抑或是法学领域，关注该论题的研究成果皆屈指可数。但从近些年的发展趋势看，博物馆的商标权被侵犯正在逐步演变成博物馆领域的普遍问题，商标保护的需求日益迫切。时常有博物馆同仁前来交流商标权保护的问题，他们也曾向法律专业机构或专业人士咨询、请教，但似乎总有一些问题是无法解决的。相比其他博物馆，故宫博物院参与经营活动、涉足文化产业起步较早，注册商标、进行商标权保护的经历与经验相应更丰富。这些经历与经验，有些可供博物馆同仁们借鉴，有些仍然是待解难题，需集思广益。

博物馆的性质不同于企业，商标权保护所遵循的路径也必然存在不同。本书中涉及的案例，多数来自博物馆的商标维权案件，也结合了博物馆学、法学领域对博物馆商标权保护的相关研究。博物馆商标权保护与利用关联密切，而品牌授权又属于商标使用的重要内容，故而将两者并行讨论。本书以商标权的确权、维权和许可使用为主要内容，兼顾考虑了品牌授权过程中

其他权益维护问题，如著作权，外观设计专利，商品名称、包装、装潢，商誉和商业秘密等。另外，引入了社会效益、公共文化权利等博物馆特有的伦理问题，对博物馆品牌授权与一般企业授权的差异及其特殊性一并论述。最后，在前面章节的基础上，归纳了博物馆商标保护的突出困难，提出相应的立法修法建议，希望为未来的立法修法提供参考。

目 录
CONTENTS

第一章 绪 论 ··· 001
    一、研究背景 ··· 001
    二、研究现状 ··· 003
    三、研究目的、内容、方法和意义 ························ 005

第二章 当代博物馆与博物馆商标权保护 ··············· 007
    第一节 当代博物馆 ·· 007
        一、当代博物馆的特征 ································ 007
        二、当代博物馆的职能 ································ 009
        三、当代博物馆职能与商标保护 ··················· 021
    第二节 博物馆商标保护的法律法规依据与政策环境 ······ 022
        一、法律法规依据 ······································ 022
        二、政策环境 ·· 025
    小 结 ·· 027

第三章 博物馆商标确权 ·· 028
    第一节 博物馆商标注册 ································· 030
        一、国内注册 ·· 030
        二、国际注册 ·· 033
    第二节 注册驳回复审 ····································· 036
        一、商标注册驳回复审 ································ 036

二、驳回复审的救济目的 037
　　三、商标注册驳回复审适格主体 037
　　四、商标注册驳回复审的程序设置 038
　　五、博物馆商标注册驳回复审证据材料 038
　　六、博物馆商标注册驳回复审答辩要点 039
　　七、博物馆商标注册驳回复审适用的其他辅助手段 044
　小　　结 047

第四章　博物馆注册商标维权 048
　第一节　维护博物馆商标权的必要性及主要侵权表现 048
　　一、维护博物馆商标权的必要性 048
　　二、主要侵权表现 049
　第二节　博物馆注册商标维权策略 052
　　一、及时注册和续展，根据业务发展需要，适时扩大
　　　　注册范围 052
　　二、重视商标监测 053
　　三、充分利用行政维权手段 054
　　四、重视注册商标使用证据的收集和保留 055
　第三节　博物馆商标维权途径 055
　　一、商标异议 055
　　二、无效宣告 057
　　三、撤销连续三年未使用的商标 058
　　四、诉讼维权 059
　第四节　博物馆商标异议的法律依据及关键证据 061
　　一、商标异议对博物馆商标权益维护的重要性 061
　　二、博物馆商标异议主要法律依据 063
　　三、博物馆商标异议关键证据 071

目 录

第五节 无效宣告与"与其他不正当手段获得注册"条款的
应用 …………………………………………………… 074
一、注册商标无效宣告制度 …………………………… 074
二、注册商标无效宣告的理由 ………………………… 075
三、"以其他不正当手段获得注册"条款的法律依据 …… 076
四、"以其他不正当手段获得注册"条款在博物馆商标
保护领域的应用 …………………………………… 077

第六节 驰名商标认定 ……………………………………… 084
一、驰名商标 …………………………………………… 085
二、博物馆驰名商标认定的作用和意义 ……………… 087
三、侵犯博物馆驰名商标权利的两种情形 …………… 087
四、博物馆申请认定驰名商标的举证责任及主要证据 …… 088
五、博物馆驰名商标作用认识误区 …………………… 091

小 结 ………………………………………………………… 094

第五章 博物馆注册商标使用 ……………………………… 095

第一节 博物馆注册商标的法定使用 ……………………… 095
一、博物馆注册商标使用规范 ………………………… 095
二、博物馆商标设计与商标使用 ……………………… 096

第二节 博物馆商标许可使用 ……………………………… 098
一、博物馆商标许可及其利弊 ………………………… 098
二、博物馆商标使用许可合同及其效力的影响因素 …… 099

小 结 ………………………………………………………… 106

第六章 博物馆品牌授权 …………………………………… 107

第一节 博物馆品牌与品牌授权风险 ……………………… 107
一、博物馆品牌与博物馆商标的关系 ………………… 108
二、博物馆品牌授权的风险 …………………………… 110

第二节　博物馆品牌授权的特殊性
　　——政策限制与博物馆伦理约束……………………… 111
　　一、公共文化服务体系视角下的博物馆品牌授权……… 112
　　二、博物馆品牌授权的多维限制…………………………… 117
　　三、博物馆品牌授权实践存在的问题和解决路径……… 120
第三节　博物馆品牌授权涉及的其他权益保护………………… 127
　　一、著作权保护……………………………………………… 128
　　二、文创产品外观设计保护………………………………… 135
　　三、商誉保护………………………………………………… 141
　　四、商业秘密保护…………………………………………… 144
小　结……………………………………………………………… 150

第七章　立法建议与博物馆管理制度建设……………………… 152
第一节　博物馆商标权保护难点与立法建议…………………… 152
　　一、博物馆商标权保护难点………………………………… 152
　　二、法律缺陷与立法建议…………………………………… 154
第二节　商标保护和品牌授权管理制度建设…………………… 164
　　一、商标保护与品牌授权管理的组织结构……………… 165
　　二、商标管理制度…………………………………………… 166
　　三、博物馆品牌授权管理制度……………………………… 167
小　结……………………………………………………………… 169

总　结……………………………………………………………… 170

后　记……………………………………………………………… 172

参考文献…………………………………………………………… 173

第一章
绪 论

一、研究背景

博物馆商标侵权案件时有发生，而其在博物馆学研究中仍属于短板和弱项，法学界对这方面的讨论和研究也屈指可数。我国于 1982 年颁布《中华人民共和国商标法》（以下简称《商标法》），博物馆的商标权保护有了法律依据。博物馆通过保护商标权，可以间接实现保护品牌、商誉的目的，可以有的放矢地开展品牌授权，进而更加积极地介入文化产业，参与文化经济活动，助力文化事业发展。博物馆保护商标权，其意义已不局限于仅保护视觉可识别的标识本身。博物馆商标不仅代表了使用商标的产品和服务的来源，更重要的是在当下的文化和经济环境中，商标权作为一项权利，使博物馆获得了文化产业活动中的特定优势，商标中凝结的商誉和无形财产价值，也通过商标权而获得保护。

在商标侵权、不正当竞争等案件中，国家知识产权局、人民法院皆认可了博物馆的法律主体地位，允许博物馆通过行政、诉讼方式维护自身权益。实践中，博物馆多依靠外部律师团队进行维权，而大部分律师要求博物馆自行收集证据，博物馆内的法律部门能否收集到足够的证据，是案件能否取得理想结果的主要因素之一。以商标使用举证为例，商标的实际使用往往在经营部门，而博物馆的法律部门未必对商标的具体使用非常了解，经营部门了解商标的使用，但却对商标维权知之甚少，这种看似合理分工的情况，并不利于博物馆商标维权。2017年，故宫博物院将商标的管理统一划归经营主管部门，商标注册、续展、使用、维权统一于经营主管部门，仅在实际发生法律诉讼的情况下，才转由法律部门负责。从长期的实践来看，这种职责划分是对博物馆有益的。

从数量上看，我国博物馆仍以国有博物馆为主，属于事业单位法人，受国家委托管理文化资源，向公众提供文化产品和服务，具有较强的公益属性。国家陆续出台了一系列的政策文件，促进文旅融合，鼓励博物馆参与文化产业，研发文创产品，提高博物馆文化综合服务能力。国家文物局也以授权指引的形式，鼓励包括博物馆在内的文博单位探索实施馆藏资源授权。品牌授权成为博物馆经营实践的"热门"内容，特别是跨界品牌授权体现出较强的文化赋能作用，在文化和经济领域逐渐占据重要位置。品牌授权在原有博物馆知名度的基础上，将博物馆品牌不断纳入公众视野，增加了博物馆的曝光率，提高了博物馆商标的知名度，也引起更多模仿和攀附，进而产生更多商标权利维护的问题。从当下所体现出的发展趋势，以及国家和社会对博物馆的要求来判断，在未来，博物馆将更加深入地介入经济活动，将涉及更多权益保护问题。

博物馆品牌授权的特殊之处在于，除了遵守法律和政策的规定外，还需要符合博物馆伦理的要求。博物馆伦理要求博物馆的经济效益务必置于社会效益之后，公益属性使得博物馆的品牌授权区别于一般社会企业的营利性项目。博物馆属于公共文化服务体系的组成部分，博物馆品牌授权是公共文化体系建设的重要内容。在公共文化服务体系要求下，博物馆品牌授权应注重满足社会公众文化需求，保障公民文化权利，适度平衡文化供给，促进实现文化共享。在实践中，博物馆需更加强调社会责任，调动更多社会企业和消费者共同参与，平衡社会整体需求，丰富文化供给，借助品牌授权产品和展销渠道宣传文化。

第一章 绪 论

二、研究现状

1. 博物馆商标保护研究现状

陈淑卿《国家一级博物馆商标注册情况初步分析》❶一文梳理了国家一级博物馆注册商标基本信息。该文分析商标结构、商标内涵、注册类别,对博物馆商标注册提出建议,认为应及时按需注册,体现博物馆藏品内涵,提高辨识度等。杨继泉《涉台博物馆商标保护问题的探讨》❷以闽台缘博物馆为例,论述涉台博物馆商标保护问题,提出涉台博物馆政治性与商标注册商标权商业性之间存在矛盾。徐文艳《博物馆馆藏文物商标抢注现象研究及解决机制》❸一文,关注博物馆馆藏文物商标抢注的危害,分析了博物馆文物商标遭抢注的原因,并提出通过建立文物商标管理与服务组织解决类似问题。马娜在《博物馆知识产权保护相关法律问题研究》❹中结合博物馆知识产权保护的实践情况,分析了在知识产权保护过程中遇到的争议和法律困境,从我国现行法角度论述了博物馆作为馆藏资源知识产权主体的可行性和正当性,以及博物馆在权利行使过程中的限制与保护,提出建立博物馆知识产权管理体系,认为可通过完善立法、规范博物馆知识产权的权利行使、建立专门知识产权管理机构、建立智力财产的交易平台等方式,构建博物馆知识产权管理、使用、保护机制。毛立石在《博物馆开发文创产品的知识产权保护》❺中提出了博物馆文创产品知识产权保护的困难,如法律有待健全、博物馆保护意识欠缺等,主张应加强对博物馆藏品知识产权的管理,加强宣传,提高保护意识,加强业内交流,发挥博物馆知识产权交易平台功能,申请注册商标,维护品牌效益,建立维权团队,大力打击侵权行为。李宁的《博物馆文

---

❶ 陈淑卿. 国家一级博物馆商标注册情况初步分析[J]. 博物院,2018(1):55-65.

❷ 杨继泉. 涉台博物馆商标保护问题的探讨[J]. 赤子(上中旬),2014(17):189.

❸ 徐文艳. 博物馆馆藏文物商标抢注现象研究及解决机制[N]. 中国文物报,2016-5-13(3).

❹ 马娜. 博物馆知识产权保护相关法律问题研究[D]. 西安:西北大学,2016.

❺ 毛立石. 博物馆开发文创产品的知识产权保护[C]. 影博·影响,2018(2):66-69.

创产业商标品牌问题探析》[1]，认为文物商标被抢注、商标假冒侵权等问题已阻碍博物馆文创产业发展，主张博物馆成立内部管理机构、积极组织商标申报等应对出现的问题。孙昊亮在《博物馆知识产权法律问题探析》[2]一文中，提出了文物藏品的商标注册、博物馆衍生品开发和文化旅游中的商标注册与保护问题。黄哲京在《博物馆文创产品的知识产权保护》[3]一文中，从博物馆文创产品商标权保护的角度，提出积极开发文创产品商标，及时申请注册，注重文创产品商标保护，加强文创产品商标管理，关注商标侵权现象，创新保护方式等保护手段。

2. 博物馆品牌保护研究现状

王亚军在《博物馆授权语境下IP与品牌关系分析》[4]一文中，从博物馆IP和品牌比较的角度进行分析和阐述，认为博物馆品牌是博物馆的独特气质和标志，是公众对博物馆多方面的感知和印象，博物馆应树立品牌保护意识。作者认为博物馆授权本质是产权的使用许可，是"博物馆将所有权属于自身的标识、图像、研究成果等以法律形式委托社会机构或企业在博物馆文化创意产品开发中使用的一种行为"，博物馆授权"将局限于博物馆的丰富资源在社会上进行高质量的配置，进而提高馆藏资源的利用效率"。李少林在《我国博物馆品牌建设的环境与途径》[5]一文中，认为博物馆品牌是博物馆的名称、专有名词、标记、符号设计、博物馆建筑及博物馆相关艺术创造或是上述元素的组合，用以识别提供的文化产品和服务，并且使其与同类型机构相区分，品牌的价值在于有形的资产价值和无形的社会文化价值。作者还提出博物馆进行品牌建设的途径包括品牌差异化定位、构建视觉形象识别系统和围绕核心职能打造品牌业务等。赵蔚在《国内博物馆品牌社群到品牌集

---

[1] 李宁. 博物馆文创产业商标品牌问题探析 [J]. 环渤海经济瞭望, 2019（8）: 46-47.
[2] 孙昊亮. 博物馆知识产权法律问题探析 [J]. 科技与法律, 2014（6）: 932-949.
[3] 黄哲京. 博物馆文创产品的知识产权保护 [J]. 故宫学刊, 2016（1）: 201-212.
[4] 王亚军. 博物馆授权语境下IP与品牌关系分析 [J]. 博物院, 2020（5）: 96-101.
[5] 李少林. 我国博物馆品牌建设的环境与途径 [D]. 北京：中国社会科学院大学, 2021.

群的建设与发展》[1]一文中,论述博物馆品牌化建设发展的必然性,提出博物馆品牌集群化发展策略和优势。

三、研究目的、内容、方法和意义

本书的研究目的是:通过对博物馆商标保护和使用问题的系统梳理和分析,形成现有法律框架下对博物馆商标保护的经验,可对未来博物馆商标保护和品牌授权实践提供借鉴;推动博物馆学领域对商标保护和品牌授权问题的探讨和关注,促进博物馆学内部对该问题的研究;探讨现有法律框架下对公益性事业单位商标保护的缺陷,从立法和修法的角度提出建议,希望引起法学领域和国家立法层面对公益性事业单位商标保护的重视。

本书围绕博物馆商标权的确权、维权、使用,博物馆品牌授权及其特殊性,立法修法建议及管理制度配合三方面内容展开。研究整体划分为两个部分,第一部分是对博物馆商标权保护的研究。这部分收集了博物馆商标权保护方面的相关案例,肯定了博物馆维权的必要性,也对实践中常用的维权策略和维权途径进行了梳理,其中涉及商标注册、异议、无效宣告、驰名商标保护和商标许可等内容。第二部分是对博物馆品牌授权管理的相关研究。品牌授权与商标权对外有偿使用密切相关,品牌授权管理的有效和有序对商标权保护产生直接影响。这部分论述了品牌与商标的关系、品牌授权的风险等相关内容,对品牌授权管理中涉及的著作权、文创产品外观、商誉、商业秘密保护等问题进行了论述。除了法律层面的因素,第二部分将博物馆伦理对品牌授权的影响纳入研究范围,以期对博物馆品牌授权的特殊性有更全面的考量。

本书结合运用了文献分析和案例分析法,通过文献分析法对现有研究进行梳理和分析,对博物馆商标保护的案件进行案例分析,对博物馆商标维权途径及其适用进行论述,结合案例,提出博物馆商标权保护的具体方法。

---

[1] 赵蔚. 国内博物馆品牌社群到品牌集群的建设与发展[J]. 科学教育与博物馆, 2020, 6(4): 236-242.

在研究过程中，本书选择、梳理博物馆商标权保护案件近百例，研究中列举案件 30 余例，既是对博物馆商标权保护成绩的总结，也是对商标权保护存在问题及解决方法的系统整理，因此具有一定的理论和实践意义。将以往博物馆品牌授权研究中较少涉及的博物馆商誉保护、商业秘密保护等问题一并提出并进行讨论，从法律和伦理两个层面对博物馆品牌授权特殊性进行考量，也使博物馆品牌授权的研究更加全面。

第二章
当代博物馆与博物馆商标权保护

当代博物馆呈现出职能多样化的发展趋势。职能多样性是社会对当代博物馆的要求,决定了博物馆多类别商标注册的需求。随着博物馆品牌知名度提升,出现了商标模仿和攀附等博物馆商标保护问题。

第一节 当代博物馆

一、当代博物馆的特征

根据博物馆学的考证,博物馆(Museum)起源于公元前建立的缪斯神庙,英国牛津大学阿什莫尔博物馆的建立,使得"Museum"一词成为博物馆的通用名称。[1] 我国的博物馆起始于1905年创办的南通博物苑。早期博物馆的职能在于保管和陈列,在经历了100多年的发展后,博物馆引起社会的普遍关注,在广为公众所知的保管、陈列职能之外,构建全新的教育体系、学术研究体系,博物馆参与文化产业和旅游产业,提供多样化文化产品和文化服务,助力构建公众美好生活,并提供快乐教育和新型休闲方式。博物馆品牌作为文化品牌,在跨界合作方面展示出相当的优势和吸引力,博物馆进

---

[1] 陈红京. 博物馆学概论[M]. 北京:高等教育出版社,2019:32.

入新的发展时期。

2005年，文化部（现文化和旅游部）制定《博物馆管理办法》，定义博物馆为"收藏、保护、研究、展示人类活动和自然环境的见证物，经过文物行政部门审核、相关行政部门批准许可取得法人资格，向公众开放的非营利性社会服务机构"。2015年国务院颁布实施的《博物馆条例》将博物馆定义为"以教育、研究和欣赏为目的，收藏、保护并向公众展示人类活动和自然环境的见证物，经登记管理机关依法登记的非营利组织"，并且对国有博物馆和非国有博物馆给予同等的法律地位。博物馆学领域对博物馆的定义是"为社会及其发展服务的、面向公众开放的非营利性常设机构，以教育、研究、欣赏为目的，收藏、保护、研究并展出人类活动和自然环境的见证物"。[1] 从国家管理、法律约束和博物馆学术研究角度对于博物馆作出的定义略有不同，但从中我们可以解读出如下内容：第一，博物馆的教育性得到重视，不再局限于对"物"的收藏、保管、研究和展示，教育上升为博物馆设立和运营的主要目的之一，博物馆的一切产品和服务皆应体现知识的普及和传播。第二，博物馆对于社会公众的服务属性被强调，博物馆被要求服务于社会需求。

从当代博物馆的实践来看，博物馆是对社会变迁具有重要影响力的机构，"透过它对观众个人生活的充实，对促进一个有知识、有教养、敏感和有自觉力的公民社会，每座博物馆都能为建造一个公益、稳健、丰富、和谐和人性的社会，发挥力量"。[2] 当代博物馆也被认为是能够影响和改变公众生活的场所和机构，特别是博物馆作为教育提供者，能够"扩大公众的参与和体验，丰富公众的人生阅历和文化生活，使公众在博物馆轻松、愉悦的氛围中，获得自信心、创造力和幸福感"。[3] 公众需要美好生活，博物馆恰好可以辅助构建美好生活；博物馆也需要公众，服务公众

---

[1] 陈红京. 博物馆学概论 [M]. 北京：高等教育出版社，2019：36.

[2] 史蒂芬·威尔. 博物馆重要的事 [M]. 张誉腾，译. 台北：五观艺术出版社，2015：24.

[3] 贺华. 浅析当代博物馆教育与公众文化生活 [J]. 中国博物馆，2019（3）：100–104.

是博物馆的当代使命和职责。在国内，除少量的企业博物馆、高校博物馆和私人博物馆外，多数的博物馆属于国家事业单位，直接受政府领导，具有公益属性，其运营和管理除按照法律的要求外，国家政策对其具有重要影响。

"截至 2018 年年底，我国已有 5354 座博物馆。博物馆作为公共文化服务机构，无论是建筑规模、展示格局、科研实力、文创开发还是智慧建设等诸多方面都发生了巨大的变化。"❶ 博物馆与公众生活发生密切联系，博物馆融入公众生活，以多样化职能满足社会需求。博物馆与旅游融合发展，成为重要旅游目的地，在国内形成了多条文化旅游路线，关注、参与文化旅游的公众有所增加。"根据中国旅游研究院统计，2019 年的春节假期，出游人次达 4.15 亿，其中走进博物馆的人次有 40% 之多。"❷

二、当代博物馆的职能

当代博物馆的发展与社会需求和国家政策密切相关。随着经济水平的不断提升，社会公众的文化需求呈现上升趋势，这其中也包含了部分文化消费需求。当代博物馆被要求具备保管、陈列、展览、教育、研究、休闲和娱乐等多样化功能。相应地，利用馆藏资源，提供各种陈列、展览、课程及配套服务，举办文化活动，研发和销售文创产品，向社会提供品牌授权业务等便成为当代博物馆应有的职能。近些年，在国家执行文旅融合发展的政策后，博物馆与旅游关系逐渐密切，公众对于博物馆休闲和娱乐功能的需求有所提高，文创产品研发、销售及品牌授权等经营活动，也成为当代博物馆的重要职能。

---

❶ 贺华. 浅析当代博物馆教育与公众文化生活 [J]. 中国博物馆, 2019 (3): 100-104.

❷ 阎国宇. 浅议当代博物馆文化传播 [J]. 文化产业, 2020 (17): 86-87.

（一）陈列展览

1. 陈列

陈列也称基本陈列，是博物馆的常设展览，一般展期较长，以展示地区历史文化和博物馆核心类别藏品为主，主要体现博物馆特色和文化特点，多为免费提供。例如，陕西历史博物馆的"陕西古代文明"的基本陈列，"展出面积5051.64平方米，展线长度1247米，分三个展厅，以《人猿揖别》《凤鸣岐山》《东方帝国》《大汉雄风》《冲突融合》《盛唐气象》《告别帝都》七个单元，集中展示了陕西古代文明孕育、产生、发展和鼎盛的过程及其对中华文明的奉献。展览萃聚3002件特色精品文物，其中等级文物2998件，图片214幅，场景、浮雕、模型等艺术品18个，高清影视短片7部、动漫10部，复制品3件"。❶

2. 临时展览

临时展览也称特展，是博物馆限期举办的具有特殊性的展览，临时展览常换常新，主题丰富，内容新颖，适当收费。临时展览的设置可基于自身馆藏，也可开展馆际合作，进行展览交流、交换，或举办巡回展，或引入其他国家、地区博物馆的展览，补充基本陈列的内容，使博物馆展览突破本馆馆藏限制，向公众呈现更加丰富的展览内容。例如，陕西历史博物馆跨省合作举办的《丝绸之路——大西北遗珍》，引自日本考古相关的《奈良出土文物精品展》；中国国家博物馆引进的"启蒙的艺术"（德国）、"瓷之韵"（英国）、"佛罗伦萨与文艺复兴：名家名作展"（意大利）等国际交流展，在国内外皆引起较大关注。2021年，故宫博物院举办"国家名片 紫禁瑰宝——故宫主题邮票特展"，展览定位于"邮票与文物同框，历史与时代相映"，展出故宫主题邮票1590枚、邮票手稿等珍贵展品54件，配合邮票展出25件故宫博物院藏文物，"首次将新中国发行的故宫主题邮票和相应的故宫文

---

❶ 成建正. 当代博物馆的文化传播与服务——从陕西历史博物馆谈起［J］. 中国国家博物馆馆刊，2012（8）：45-48.

物合璧呈现",并增加科技互动。❶

3. 流动展览

流动展览指不局限于某一个或某几个展陈空间的展览,其展品多为可移动、便于携带且对光照和湿度没有特殊要求的展品。例如,文物复制品、照片、部分动植物标本等。全国博物馆普遍向社会提供流动展览,展览覆盖社区、学校、村镇等地。为发挥博物馆的教育作用,多个博物馆配置专门团队携带可移动展品,配合复制品、展板和宣传材料,进入当地学校及社区,提供免费讲解、展示,增加博物馆对社区和学校的服务,使博物馆文化深入学校及社会,拉近博物馆与社会公众的关系。2016年广东省博物馆将"文物动物园"儿童专题展进驻购物中心,同步设置"智力热身区""神兽竞技场""萌宠颁奖台"等,展示藏品的同时增强现场观众互动参与,吸引孩子们参加。❷

4. 其他类型展览

当前,社会公众对博物馆产生了新的要求。科技手段的融入扩展了博物馆办展的方式,出现了线上展览、视频互动展览和数字媒体展览等多种类型的展览。"工业时代博物馆以展品为核心,观众体验以视觉为主;数字时代带来了全新的体验内容和体验方式,突破了传统博物馆的时空限制,以增强体验、沉浸体验、虚拟体验、个性体验为代表的全新体验,成为数字时代博物馆观众体验的显著特征。"❸科技互联网技术的进步为突破时空限制,打造无边界博物馆以及线上展览提供了契机。"在互联网飞速发展的今天,新科技为博物馆带来新的表达空间,新媒体平台的不断涌现催生出了更多的交互

---

❶ 环球网转发人民网. 故宫主题邮票特展展出:故宫主题邮票首次与文物同框[EB/OL].(2021-05-18)[2021-12-16]. https://baijiahao.baidu.com/s?id=17000246095941723 19&wfr=spider&for=pc.

❷ 贺华. 浅析当代博物馆教育与公众文化生活[J]. 中国博物馆,2019(3):100-104.

❸ 温京博,马宝霞. 数字时代的博物馆:快乐、体验和新知[J]. 东南文化,2021(4):185-190.

式博物馆参展方式，使得观众足不出户就可以参观博物馆。"❶如今，已经有很多博物馆提供线上展览，线上观展已经不再是博物馆的新鲜事。

上海博物馆通过官方网站提供富有特色的线上展，如"东西汇融——中欧陶瓷与文化交流特展"，可浏览展览内容及章节介绍，每件文物配有简介；"赶上春——江南文化数字专题"，采用线上展的形式，配合江南地区地图呈现，观众点击标记于不同江南地区的彩色圆点后，页面中便呈现一组与该地区文化相关的文物，以供观众了解相关专题；点击文物图片可查看大图及文物介绍，还能支持分享至新浪微博、QQ和豆瓣等媒体平台。另外，将线下展览"搬家"线上，提供"无尽意——赵朴初书法艺术展""俄罗斯国立特列恰科夫美术馆珍品展""沧海之虹：唐招提寺隔扇画展"等三维展览，通过移动鼠标可以360°调整观看角度，也可"拉近"展品，实现近距离观看，体验置身展厅的观展效果，丰富观众体验，将服务群体从线下观众扩展至互联网可触及的更广泛的社会公众。

博物馆传统展览一般将展品定位于藏品，而视频和互动装置仅作为辅助手段呈现，目的是提高观众对于展品的理解。现在，有了科技助力，数字内容已经可以成为主要展品。例如，故宫博物院与首都机场合作，在T3航站楼E19国际中转旅客休息区设立"文化国门——故宫印象"展厅，展厅播放故宫博物院制作的视频，现场增设强现实和全息投影互动区域，提供中英双语演示，有助于促进国际友人了解中国经典传统文化。❷

数字媒体展是近几年颇受关注的展览形式。数字媒体展也在与博物馆的传统展览进行融合式发展，围绕博物馆藏品进行数字化创作，或以数字化形式呈现经典，或表达当代人对历史的解读，引发当代对历史和传统的思考。例如，2019年山东博物馆举办的"传统的未来：数字媒体艺术展"，以传统、当代与未来为脉络，展出《问道》《长绳系日》《黔驴新说》《涿鹿之战》《神笔马良》等30件数字艺术媒体作品，依托虚拟现实（VR）技术，再现历史

---

❶ 阎国宇. 浅议当代博物馆文化传播[J]. 文化产业, 2020（17）：86-87.
❷ 故宫博物院. "文化国门——故宫印象"在首都机场T3航站楼发布[EB/OL].（2012-07-24）[2021-12-18]. https://www.dpm.org.cn/classify_detail/178033.html.

与现实,"艺术家通过交互投影、体感互动等创意形式,探索媒体艺术的当代表达,呈现传统文化的未来发展路径"。❶数字媒体展对中青年观众有着较强的吸引力,打破传统展览静止和固定的呈现形式,对于扩大博物馆服务群体具有重要意义。

(二)教育和科研

当代博物馆是重要的教育和研究机构。"为充分发挥博物馆传播文化教育国民的重要作用,2008年以来,中国约有1800多座博物馆,对社会公众实行了免费开放,每年平均有4亿观众走进博物馆,全国博物馆的年观众量增长了50%。"❷博物馆的教育不同于学校教育和其他社会教育,同时博物馆教育又是学校教育和其他社会教育的重要补充,博物馆教育使公众的终身教育成为可能。博物馆教育呈现出严肃、活泼与快乐并存的特征,全面覆盖儿童至老年人群,在互联网科技的助力下,辐射地区可至全国甚至海外。当代的博物馆教育,也是公众休闲娱乐的组成部分。由于特殊的文化资源和研究人才体系,博物馆承担着文化研究的重要任务,在挖掘和利用优秀传统文化方面持续发挥重要作用。

1. 教 育

博物馆以定期或非定期的方式举办学术研讨会、讲座,拍摄专题教育片和纪录片,提供学生专场参观,举办馆校合作主题活动、青少年娱乐体验活动,开办各类与博物馆相关的儿童及成人线上、线下课程等。例如,陕西历史博物馆配合《大唐遗宝——何家村窖藏出土文物展》,邀请30位国内著名学者举办"何家村珍宝与唐代文化"学术研讨会和系列讲座,面向社会开放,并与电视台合作制作专题片;配合《随身携带的宇宙——青海省黄南州热贡艺术特展》,组织藏传佛教艺术活动,邀请少年儿童参加,学习唐卡知

---

❶ 每日环球展览.传统的未来:数字媒体艺术展[EB/OL].[2021-12-16].https://art.icity.ly/events/3m1dlfj.

❷ 吕章申.当代博物馆的文化传播与公众服务[J].中国国家博物馆馆刊,2012(8):22-23.

识，体验绘制唐卡线描图；❶开设"文博讲坛"和"历博讲坛"，举办"玉器与早期中国""唐墓壁画"等系列讲座，并在陕西历史博物馆官方微博、B站、陕西省文物局官方微博、汉唐网同步直播。国家博物馆设立学术交流平台"国博讲堂"，组织学术讲座，向社会和公众开放《中国和意大利装饰设计的历史与发展》《启蒙之对话》《从汉代看罗马》《关于革命历史题材的美术创作》等学术讲座。❷

"博物馆的优势就体现在能够为观众提供独特的体验，提供一种交流互动的场合。"❸西安半坡博物馆青少年体验项目"史前工场"，设立专门活动场所，通过让青少年参与钻木取火、原始房屋搭建等活动，体验并感受半坡先民的劳作特点。陕西汉景帝阳陵博物院设立"探秘历史——考古系列教育活动"，通过模拟考古基地，普及考古学知识，吸引公众参与，引发公众对考古学及考古活动的兴趣。博物馆为公众提供了学习交流的场所，由于博物馆教育具有区别于学校教育和其他社会教育的特征，在一些情况下博物馆的教育也被认为是当代休闲娱乐的一种方式。

河北博物院针对8~12岁少年儿童开办河博美育课程，借助博物馆展出的实物让少年儿童感悟文物之美，发现美，享受美，提高审美和鉴赏能力，培养创造力和想象力，相关课程也积极走进学校，辅助学校教育，丰富青少年儿童的想象力和创新意识。❹学校教育、社会教育和博物馆教育互相补充，有助于建立完善的教育体系，延伸教育覆盖范围和年龄跨度。

2. 科　研

博物馆是国家重要的研究机构，开展文化历史等课题研究，举办学术刊

---

❶ 成建正. 当代博物馆的文化传播与服务——从陕西历史博物馆谈起[J]. 中国国家博物馆馆刊, 2012（8）：45-48.

❷ 吕章申. 当代博物馆的文化传播与公众服务[J]. 中国国家博物馆馆刊, 2012（8）：22-23.

❸ 张凤霞. 以观察学习理论分析行业博物馆观众参观行为[C]. 中国博物馆协会博物馆学专业委员会2013年"博物馆与教育"学术研讨会文集, 2013：178-184.

❹ 河北博物院. 河博美育[EB/OL].[2021-12-20]. https://www.hebeimuseum.org.cn/show-19-6546-1.html.

物、出版学术书籍也是博物馆的重要职能。中国国家博物馆将《中国历史文物》《近代中国与文物》两刊物合并成《中国国家博物馆馆刊》，以历史与艺术并重的定位，呈现历史、艺术、博物馆学研究成果，为文化学术交流和文化传播提供支持。❶故宫博物院主管的故宫出版社每年出版大量学术书籍。《故宫博物院院刊》是由文化和旅游部主管、故宫博物院主办的社会科学综合性学术期刊，设"考古学研究""文物研究""明清历史""宗教艺术""文物保护与科技修复""博物馆研究""古建筑研究"等栏目，多次入选北京大学编辑的《中文核心期刊要目总览》、南京大学《中文社会科学引文索引》（CSSCI）来源期刊和中国社会科学院社会科学评价中心的《中国人文社会科学期刊综合评价指标体系》（AMI）核心期刊，为考古、文物保护和博物馆研究等提供了有力的学术支撑。❷

（三）配套服务

1. 馆内服务

博物馆普遍提供多种语言讲解服务，包括讲解员现场讲解和讲解器（语音导览器），部分博物馆提供手机导览；免费发放参观指南和展览宣传材料，以提高知识普及的效果；为老人、儿童、军人、残疾人等特殊人群提供便利设施设备，如盲道、轮椅、手推车、哺乳室等。场地条件较好的博物馆专门开辟了观众休闲区和体验区域，开设快餐厅、主题餐厅、咖啡厅、茶座等餐饮服务，开设书店、礼品店等。例如，上海博物馆在博物馆大厅和展厅设置多媒体触屏导览系统，提供中、英、法、日、德、韩、西班牙、意大利等多语种语音导览，提供专职讲解员讲解服务和免费志愿者讲解服务，并提供平板电脑中文智能讲解导览服务，为前来参观的残疾人提供专用无障碍车道、升降电梯等无障碍设施，提供婴儿车和轮椅借用、衣帽及大件行李寄存、针线、医药箱等服务，中心服务台除解答咨询、受理投诉，提供免费资料外，

---

❶ 吕章申. 当代博物馆的文化传播与公众服务［J］. 中国国家博物馆馆刊, 2012（8）: 22-23.

❷ 故宫博物院官网. 院刊简介［EB/OL］.［2022-01-09］. https://www.dpm.org.cn/journals.html.

也提供"上海博物馆纪念章"盖章等服务，另外设有餐厅和茶室，提供中西式简餐和茶、咖啡、瓶装饮料、果汁、茶点等。故宫博物院院内设立多处餐厅和商店，故宫冰窖餐厅提供简餐、咖啡、中餐、冷饮，景运门餐厅提供中式快餐、西点、咖啡、零食，角楼咖啡厅提供多种口味的咖啡、饮料和西点，院内另有多处经营网点销售冷热饮、定型包装食品和文创产品。故宫文创产品在社会上颇具影响力，为了方便观众购买，故宫商店分散在全院各开放区域，出口处设文化创意馆，用于展示、销售文创产品。

馆内服务提高了博物馆对观众的服务水平，使观众的参观体验更舒适、更愉悦。特色餐饮服务更好地满足了博物馆观众对休闲和娱乐的需求，也体现了文旅融合发展的政策要求。

2. 网络服务

博物馆通过设立官方网站，提供信息检索、展览查询、藏品介绍、知识普及和课程发布等服务，一部分线下展览也可以通过官方网站搭载，提供线上观展，为新冠肺炎疫情期间的文化服务提供补充。多个博物馆陆续开通微博账号和微信账号，通过发布即时消息与公众互动，进行线上直播，宣传推广藏品知识、博物馆展览和活动资讯，以补充线下服务功能。文创产品线上销售也是当代博物馆的重要文化服务项目之一。

故宫博物院建设有官方网站、青少网站、"数字文物库"和"故宫名画记"网站、"数字故宫"小程序、官方微博、官方微信公众号、"故宫出品"系列App等网络配套服务。根据2021年故宫博物院的内部统计，官方网站全年网页访问数为44 067 921页次，访问人次为11 994 052人；截至2021年，故宫博物院"数字文物库"网站总计对外发布68 573件文物，❶"故宫名画记"网站收录名作631件，❷为公众提供线上浏览、欣赏藏品的服务；"数字故宫"小程序全年访问人数超过360万人次，页面访问量超过1800万次，微故宫官方微信公众号粉丝数2 501 053人，共推送图文104篇，总阅读量837.5万次。故宫博物院官方微博粉丝数2020.4万人，共发布微博11 002条，微博

---

❶ 数字文物库官方网站．[EB/OL]．[2021-12-18]．https://digicol.dpm.org.cn.
❷ 故宫名画记官网．[EB/OL]．[2021-12-18]．https://minghuaji.dpm.org.cn.

视频播放量 1.3 亿次。❶ 故宫博物院官方微博获"十大文旅微博"称号，同批位列前十的还有河南博物馆、河北博物院、中国国家博物馆、沈阳故宫博物院、苏州博物馆、金沙遗址博物馆等。

（四）经营服务

"经营"并不是一个确定的法定概念，"经营"既可指一般的销售和服务活动，也可指"生产经营活动"或"收费"行为。❷ 博物馆经营泛指博物馆在履行公益职能之外，丰富文创产品供给、提供多样化文化服务并创造经济效益的行为。在探讨博物馆经营问题的过程中，更多涉及的是公益二类博物馆。博物馆属于事业单位，由于公益一类和公益二类事业单位的划分限制，仅公益二类博物馆才具有经营的资格。公益一类博物馆在一定时期内也开展过经营活动，在事业单位分类改革后，公益一类博物馆已逐渐停止经营活动。

博物馆经营涉及博物馆事业整体持续发展，关乎博物馆功能的完善，具有满足公众文化消费需求的重要作用。经营是博物馆利用馆藏资源参与市场经济的结果，也是服务公众、满足公众文化消费需求的过程。经营服务是随市场经济和博物馆的发展衍生出的新职能，对于当代博物馆满足社会文化需求，提高综合服务能力具有重要影响。

1. 文创产品研发和销售

博物馆文创产品研发能力在近十年显著提升，主要表现为文创产品种类丰富，产品呈现系列化，涉及衣、食、住、行各方面，新增家电产品、电脑周边、食品、饮料、玩具、工艺礼品、服装服饰等类别。产品功能逐步得到改善，消费人群覆盖儿童、成年及老年群体，价格趋向合理化，兼顾高、中、低消费水平，更加贴近公众生活。博物馆文创产品按其研发思路，可分为一般文创产品和随展文创产品两类。一般文创产品取材于重要的馆藏，致力打造"经典"，产品长期销售，销售推广渠道较多。随展文创产品紧扣展

---

❶ 故宫博物院官方微博．［EB/OL］．［2021-12-18］．https://weibo.com/1655363172/H8J6mtuOD?type=comment．

❷ 于冰．国有文物"不得作为企业资产经营"辨析［J］．东南文化，2018（2）：13-19．

览的主题和展品元素，研发数量和生产数量有限，仅服务于展期和展期结束后的一段时间，部分产品仅在线下特定位置销售。

"2018年元月，陕西成立了'互联网+中华文明文博创意产业联盟'，吸纳陕西10家重点博物馆加盟，共同研发'鎏金铜蚕''礼享长安书签''兵马俑双车马音响'等文创产品1000多种。"❶河北博物院开辟800平方米的面积用于开设文创商店，销售文创产品、河北地方非物质文化遗产作品等，通过产品推广促进文化传播。陕西历史博物馆配合《大唐遗宝——何家村窖藏出土文物展》"开发生产系列文化衍生品共计20种，2万余件"，产品涉及图书、文物仿制品、文化创意产品三大类，包含多个系列，兼顾不同价格层次。❷2021年，故宫博物院"国家名片 紫禁瑰宝——故宫主题邮票特展"配套合作研发随展文创产品邮折、票品一体册、首日封等4个系列产品，在展期线上线下同步销售。

随着网络电商服务的普及，博物馆也在文创产品推广销售中引入电子商务模式。各博物馆陆续在各大电商平台开设博物馆官方店铺，销售文创产品。中国国家博物馆、故宫博物院在京东和天猫平台均设有官方旗舰店。敦煌博物院、上海博物馆、河北博物院、苏州博物馆、陕西历史博物馆、湖南博物馆、广东省博物馆、甘肃省博物馆、新疆博物馆、成都博物馆、三星堆博物馆、西安碑林博物馆、观复博物馆、布达拉宫、大都会艺术博物馆、卢浮宫博物馆、V&A（博物馆）都在天猫平台开设了官方店铺。

上海博物馆投资设立上海博物馆文化创意有限公司，主要经营馆藏复仿制品、文创产品、文物书籍和艺术书刊，提供礼品设计开发、文物修复、字画装裱等特色服务。除在上海博物馆内设立总店，还在上海新天地商场、浦东机场、东方明珠设立专卖店，开通天猫旗舰店、淘宝商店和微店，服务全国公众。该公司还开通了"上海博物馆文化创意有限公司"微博和"上海博

---

❶ 贺华.浅析当代博物馆教育与公众文化生活［J］.中国博物馆，2019（3）：100-104.

❷ 成建正.当代博物馆的文化传播与服务——从陕西历史博物馆谈起［J］.中国国家博物馆馆刊，2012（8）：45-48.

物馆文化创意有限公司"微信订阅号，发布展览、文化沙龙、文创产品推广等信息。

2. 品牌授权与跨领域合作

当下博物馆品牌授权以跨界合作类型居多，主要为博物馆与服装、彩妆、影视、金融、食品等非文化行业机构以品牌联名形式开展的合作。

2018年10月，上海博物馆与华特迪士尼（中国）有限公司合作，以上海博物馆馆藏"大克鼎"等青铜纹饰与迪士尼经典的米奇进行组合设计，新衍生出来的IP提高了双方文创产品的附加值。❶上海博物馆还与美国大都会博物馆达成合作，开展品牌授权、文创产品和文化体验多种形式的合作，以"礼遇东西"为主体，以"珍品连线"为线索，充分体现了东西方文化的多元、包容和共性。❷2018年12月，为扩大秦文化的传播力和影响力，秦始皇帝陵博物院与中国印钞造币总公司合作推出《兵马俑纪念券》。❸南京博物院则联名"南京大排档"餐饮，共同推出中秋礼盒产品，礼盒采用绿色纸质可回收材质，将文化传承与环保理念相结合。

2018年起，故宫博物院与小米科技有限公司、华熙集团、中国紫檀博物馆、飞利浦（中国）投资有限公司等合作，陆续推出跨界款合作产品小米手机故宫特别版、故宫口红、故宫紫檀护肤系列、男士剃须刀系列；与上海浦东发展银行联合推出故宫文化主题信用卡，与中国工商银行推出故宫元素联名信用卡、借记卡；与百度在线网络技术（北京）有限公司合作"小度在家"智能音箱产品，与OPPO广东移动通信有限公司开展故宫主题智能手表等产品合作；与西安印钞总公司等合作发行"紫禁城600年纪念券""紫禁城600年纪念币（仿浑天仪摆件）"产品；以故宫博物院藏《五牛图》为元

---

❶ 孙鹏. 我国博物馆版权产业的探索与思考［J］. 中国博物馆, 2019（4）：106-111.
❷ 上海博物馆官网. 文荟江南　礼遇东西　上海博物馆亮相第三届长三角文博会［EB/OL］.（2020-11-19）[2020-12-13] https://www.shanghaimuseum.net/mu/frontend/pg/article/id/I00004401.
❸ 孙鹏. 我国博物馆版权产业的探索与思考［J］. 中国博物馆, 2019（4）：106-111.

素，授权发行了五牛纳福金银币、五牛福到红包金（金箔）、祥瑞福牛转运珠系列产品。2017年至2020年，故宫博物院等博物馆与中央电视台合作推出共三季的《国家宝藏》综艺节目，产生了非常大的社会影响力。2020年，故宫博物院与上海民族乐团就《紫禁城》原创主题民族音乐会进行合作，《紫禁城》原创主题民族音乐会取材自紫禁城建筑文化元素，由故宫博物院提供一定的文化资源支持，借助上海民族乐团在传统民族音乐中的实力，充分发挥双方在文化品牌方面的优势，扩大双方品牌知名度，促进文化传播。2021年，故宫博物院与清华大学联合建立遗产研究中心，❶由伊利集团等企业提供资金支持，拓展遗产遗址保护研究，延伸文创产品衍生设计，将学术研究与文化产业联结起来，贯通发展。

3. 连锁经营

"紫禁书院"为故宫出版社下属文化公司的文化空间品牌。公司依托故宫博物院的文化资源，打造"紫禁书院"品牌，开展连锁经营，在深圳、珠海、福州、武夷山、广州等地建立分院，定位于"行走的故宫"，通过出版物、文创产品展陈，传统艺术文化教育、讲座、论坛，艺术展览等方式，传播传统文化。

2020年新冠肺炎疫情暴发，博物馆为公众提供服务的传统方式，如陈列展览、文化活动、主题讲座等皆受到一定程度的制约。为了更好地履行和扩宽自身职能，完成博物馆应有的使命，各博物馆结合自身情况，广泛运用网络、多媒体等科技手段，推出线上展览、讲座，游戏，网上商店，网上直播等形式新颖的文化服务。同时，博物馆跨界合作和品牌授权也得到更好的实践。当下，博物馆服务公众文化生活的手段和方式更加多样化，提供的文化产品和服务也更加丰富。

---

❶ 清华大学.清华大学-故宫博物院文化遗产联合研究中心揭牌仪式暨管委会第一次会议举行［EB/OL］.（2021-05-21）[2021-12-16］. https://www.tsinghua.edu.cn/info/1181/84325.htm.

三、当代博物馆职能与商标保护

博物馆的多样性功能决定了博物馆需注册商标以满足实践需要。在市场经济环境下,博物馆向社会提供陈列展览、教育资源,开设各类教育课程,举办各类文化活动,提供配套服务,销售各种类型的文创产品,与其他社会机构开展品牌联名,这些产品和服务的运营和推广,需要使用注册商标以明确产品和服务的来源,同时树立自己的品牌,以便更好地提升社会效益和经济效益。由于博物馆功能的多样性,博物馆商标注册可涉及的类别非常广泛,如第3类香精油、化妆品,第8类餐具,第9类教学用具,第14类贵金属、珠宝、首饰、钟表,第16类纸制品、印刷品、文具、教育或教学用品,第18类雨伞,第20类家具、镜子,第21类瓷器及陶器,第25类服装、鞋、帽,第28类娱乐品和玩具,第29类奶和乳制品,第30类咖啡、茶、糖、面包、糕点、冰制食品,第32类矿泉水和汽水以及其他不含酒精的饮料、水果饮料及果汁,第39类旅行安排,第41类教育、提供培训、娱乐,第43类提供食物和饮料服务等。而且,随着博物馆功能的丰富,未来对于注册商标的需求会更广泛。

另外,博物馆品牌作为文化品牌体现出的优势和影响力,以及这些优势和影响力带来的竞争优势和经济价值引发了他人攀附和模仿的问题,又将博物馆推向维权的道路。当下,社会各领域品牌跨界合作流行,各行各业对文化品牌联名均表现出明显的"好感",社会整体对博物馆品牌的合作需求呈现上升趋势,博物馆的品牌价值提高,引发更多的侵权问题。品牌授权过程中涉及的商标权及其维护问题,也是博物馆必须面对和解决的。商标权保护在各领域皆是"奢侈"的事情,对于依靠财政预算的博物馆而言,维权更是饱受约束和挑战。新冠肺炎疫情暴发后,博物馆财政预算大幅削减,博物馆商标权保护面临更大的经费困难。

博物馆在知识产权维权,尤其是商标权维护方面,始终处于被动和滞后的状态。其原因一方面在于博物馆始终将自己定位于公益性的文化服务机构，社会效益置于经济效益之前，开展经营活动是博物馆的"辅业"而非"主业"，对于知识产权和权利维护缺少商事主体惯有的前瞻性和敏感度，直到权利受到减损，才不得已被动维权，这也反映出博物馆领域对知识产权的重视不够。另一方面，博物馆属于事业单位，列入国家预算统一管理，所需经费由各级财政按预算拨付，实行"收支两条线"。事业单位有公益一类和公益二类之分，这意味着除少数公益二类的博物馆外，大多数的博物馆不得开展经营活动。不涉及经营活动的博物馆，对商标权保护更加缺少动力，商标维权过程中也较难提供使用证据。

从博物馆的维权实践来看，权利的维护仍然是必要的。当下博物馆领域对商标权保护和品牌维护重视不够，但是已经发生的侵权案例证明博物馆维权是必要的。从近几年博物馆整体商标注册数量的上涨中，可以看出博物馆对商标权保护的认识有所提高，在相关商标维权案件中，也可看出部分博物馆在商标权维权方面的努力。

第二节　博物馆商标保护的法律法规依据与政策环境

一、法律法规依据

《商标法》《中华人民共和国专利法》(以下简称《专利法》)、《中华人民共和国著作权法》(以下简称《著作权法》)三部法律以民事特别法的形式为商标权、专利权和著作权提供法律规制。三部法律结合了公法和私法规范，实体法和程序规范，为划分知识产品公共属性和私人属性的界限提供依据，并为知识创新、创造、利用和传播中形成的各自社会关系提供调整的依据。

《商标法》为专门保护商标权而设，与博物馆商标权保护的关系不言而喻。我国第一部《商标法》，于1982年8月23日经第五届全国人大常委会第二十四次会议通过，自1983年3月1日起施行。《商标法》的颁布为

第二章 当代博物馆与博物馆商标权保护

全国商标权保护和维权提供了法律依据。《商标法》分别在1993年、2001年、2013年、2019年进行了4次修改和完善。第四次修改与博物馆商标保护关联最为密切。为改善我国内生环境需求，净化营商环境，实现知识产权高质量发展，《商标法》第四次修改着重规范注册申请行为，遏制恶意注册和囤积商标行为，提高违法者的违法成本，保护在先使用人和利害关系人的利益。❶《商标法》第四次修改共涉及七个方面的调整：第一，将以使用为目的规定为商标注册条件之一；第二，增加了商标代理机构的义务和法律责任；❷第三，将不以使用为目的作为任何人都可以提出异议的法定事由；第四，将不以使用为目的作为任何人都可以申请宣告注册商标无效的法定事由；第五，明确了关于恶意申请商标注册、恶意提起商标诉讼的法律责任；❸第六，加大对侵犯商标专用权行为的惩罚力度；❹第七，加大对假冒注册商标的商品以及主要用于制造假冒注册商标的商品的材料、工具的处置力度。❺《商标法》第四次修改基于国内商标抢注、囤积、倒卖牟利成风的现实而设，因此也被称为"问题导向"。❻对商标须以实际使用为目的注册的规定，以及对恶意注册的强打击力度，有助于形成稳定、公平的社会秩序。

就目前的法律体系而言，《商标法》是博物馆商标确权和保护最为核心

---

❶ 中国知识产权报. 深度好文！专家解读商标法第四次修改，[EB/OL].（2019-05-16）[2020-03-04]. http://www.iprchn.com/cipnews/news_content.aspx?newsId=116074.

❷ 商标代理机构知道或者应当知道委托人不以使用为目的而申请商标注册的，不得接受其委托；商标代理机构知道或者应当知道委托人不以使用为目的而申请商标注册还接受其委托的，依法给予行政处罚。

❸ 对恶意申请商标注册的，根据情节给予警告、罚款等行政处罚；对恶意提起商标诉讼的，由人民法院依法给予制裁。

❹ 将恶意侵犯商标专用权的赔偿数额计算倍数由一倍以上三倍以下提高到一倍以上五倍以下；将法定幅度赔偿数额的上限从三百万元提高到五百万元。

❺ 人民法院审理商标纠纷案件，应权利人请求，对属于假冒注册商标的商品，除特殊情况外，责令销毁；对主要用于制造假冒注册商标的商品的材料、工具，责令销毁，且不予补偿；或者在特殊情况下，责令禁止前述材料、工具进入商业渠道，且不予补偿；假冒注册商标的商品不得在仅去除假冒注册商标后进入商业渠道。

❻ 金多才. 新中国商标立法的进程及其辉煌成就[J]. 河南科技，2019（33）：8-12.

的法律依据。《商标法》结合了商标权利人、公众利益、国家产业政策以及国际竞争利益等多方面因素，兼顾公私主体之间的利益平衡，设置了相应的权利限制制度；设定了登记制度，明确商标权保护要件，划定权利边界，使行为人对商标权的利用或避让有较为明确的预期，为商业标识提供更为稳定可预期的保护。❶ 只要侵权事实属于《商标法》事先规定的专用权保护范围，博物馆就可依据有关权利救济规定寻求相应的保护。

《著作权法》为保护作品著作权及相关权益而设。在图形商标、图文组合商标的侵权案件中，商标设计往往涉及著作权问题。除《商标法》《著作权法》以外，《中华人民共和国反不正当竞争法》（以下简称《反不正当竞争法》）在博物馆注册商标以外的标识保护方面发挥额外保护作用。《反不正当竞争法》与《商标法》共同构成商业标识的法律保护框架，被认为是商业标识法律保护体系的两大支柱，弥补了《商标法》在非注册商业标识方面的空白。"反不正当竞争概念的提出以及相关规范的制定，来源于对商标等知识产权的补充保护，将无法通过知识产权权利保护的形式覆盖的部分转化成通过反不正当竞争法进行保护"，"反不正当竞争法源于侵权法的一般条款，通过引入伦理性的标准来判断不正当竞争行为，具有相对动态的灵活性使其可以对现实生活中的新问题拥有敏锐的反应能力，从而适应知识产品样态的多样性，为知识产权法无法顾及的知识产品提供补充保护"。❷《商标法》与《反不正当竞争法》是专门法与普通法的区别，原则上《商标法》已经提供保护的范围，《反不正当竞争法》不再提供保护。在博物馆商标保护领域，注册商标、非注册驰名商标多依据《商标法》进行保护，一般未注册商标、有一定影响的产品名称、包装、装潢多依据《反不正当竞争法》保护。

与博物馆领域关系最为密切的法律应属《中华人民共和国文物保护法》（以下简称《文物保护法》），但是该法不涉及博物馆商业活动、商业及非商业标识使用的相关内容。2015年2月9日，国务院颁布属于行政法规性质的

---

❶ 曹静敏，周多. 论反不正当竞争法在注册商标保护中的适用逻辑——从新百伦诉纽巴伦反不正当竞争纠纷案说起［J］. 中华商标，2020（7）：48-52.

❷ 同❶.

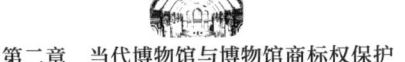

《博物馆条例》，提出博物馆在不违背其非营利属性、不脱离宗旨使命的前提下，可以开展经营性活动，并鼓励博物馆文化产品开发与经营。❶但是该条例仅对博物馆经营作了原则性规定，不涉及经营中商业标识的使用、保护等具体内容。

现有法律框架内，尚无专门的法律或者专门的条款对博物馆的商标权等知识产权提供特殊保护。博物馆的商标权保护与其他法律主体，如企业在法律依据和标准方面并无差异。博物馆标识保护的特殊性在于，博物馆既属于国家文化事业的组成部分，又在逐步与文化产业发生更为深入的关联。博物馆的标识用在文化产业中，与经营相关，被认定为商业标识从而获得保护本无可厚非，但从文化事业的角度而言，博物馆标识的非经营性使用，能否作为商业标识获得法律的支持和保护，易存争议。《商标法》规定了商标注册申请的主体为"自然人、法人或者其他组织"，商标专用权的使用范围则规定是"在生产经营活动中"，以及"商品或者服务"上。博物馆属于事业单位法人，属于《商标法》规定的主体应无争议。但博物馆对商标的事业性使用，是否能够落入"生产经营活动"的范围而获得保护？从博物馆的职责而言，博物馆从事公益性文化服务为主，兼顾部分文化产业职能。提供展览和文化教育活动，本就是博物馆的主要职责，是博物馆的文化生产，无论展览和教育活动被列入经营与否，都不影响其文化生产的本质。从各博物馆的商标注册历程来看，博物馆在展览、教育等相关产品和服务上获得注册的案例并不鲜见。从注册商标维权的角度看，"故宫红"商标异议案及注册复审案，"三星堆""杜甫草堂"无效宣告案等裁定，国家知识产权局行政裁定中对博物馆商标专用权予以认可并积极保护。

二、政策环境

2016年3月印发的《国务院关于进一步加强文物工作的指导意见》（以

---

❶ 武亮，申睿. 文化授权视角下博物馆文创产品研发行为及知识产权保护分析［J］. 电子知识产权，2020（6）：98-108.

下简称《指导意见》），要求"大力发展文博创意产业。深入挖掘文物资源的价值内涵和文化元素，更加注重实用性，更多体现生活气息，延伸文博衍生产品链条，进一步拓展产业发展空间，进一步调动博物馆利用馆藏资源开发创意产品的积极性，扩大引导文化消费，培育新型文化业态。鼓励众创、众筹，以创新创意为动力，以文博单位和文化创意设计企业为主体，开发原创文化产品，打造文化创意品牌，为社会资本广泛参与研发、经营等活动提供指导和便利条件"。博物馆利用馆藏资源开发文化创意产品，打造文化创意品牌，实践中必然涉及商标权保护问题。《指导意见》指明了国家在相应工作中的鼓励态度和支持立场，不涉及落地过程中的具体措施，对利用、保护品牌授权实践中涉及的具体问题，如商标使用和维权等，尚未给出相应的意见。

2016年5月，为了"深入发掘文化文物单位馆藏文化资源，发展文化创意产业，开发文化创意产品，弘扬中华优秀文化，传承中华文明，推进经济社会协调发展，提升国家软实力"，国务院在《关于进一步加强文物工作的指导意见》的基础上，进一步提出《关于推动文化文物单位文化创意产品开发的若干意见》（以下简称《若干意见》）。该意见列出的"主要任务"共七项，第七项围绕加强文化文物单位文化创意品牌培育和保护设置，主要侧重文化品牌培育和品牌授权机制健全的问题。《若干意见》仅提出应促进知识产权运用、保护和管理能力等，未对保护文化文物单位知识产权及品牌保护提出建议措施。

2019年5月9日，国家文物局印发《博物馆馆藏资源著作权、商标权和品牌授权操作指引（试行）》（以下简称《指引》），引导符合条件的博物馆积极开展博物馆馆藏资源授权，同时鼓励全国各级博物馆发挥自身优势，创造条件、积极探索，尝试适合自身模式的馆藏资源授权。《指引》的印发，体现了国家对博物馆资源创新和博物馆知识产权授权的重视。《指引》在博物馆商标许可或品牌授权方面具有一定的积极引导意义，尚不涉及博物馆商标确权、维权或品牌授权中的相关权益保护等内容。商标许可或品牌授权中的风险防范和司法救济，是关系到博物馆具体实践的重要问题，目前仍处于政策缺位的状态。

2021年8月17日,文化和旅游部、人力资源和社会保障部、国家市场监管总局、国家文物局、国家知识产权局等八部委联合印发了《关于进一步推动文化文物单位文化创意产品开发的若干措施》(以下简称《措施》),提出文化文物单位对用于"对外授权合作开发文化创意产品的知识产权要进行专门评估、规范管理,原则上应由第三方专业资产评估机构进行评估,合理确定知识产权价值","根据实际情况制定知识产权授权费用标准,在文化创意产品开发合作项目中进行合理协商议价"。该措施的提出有利于推动形成博物馆知识产权授权价格标准的规范性和统一性。

无论是《指导意见》《若干意见》《指引》还是《措施》,性质上应属于政策而非法律法规,一般不得直接用于司法实践。落实上述政策过程中如涉及相应的商标权保护问题,最终还是要回归《商标法》或《反不正当竞争法》。

小 结

当代博物馆的多样化职能决定了博物馆对注册商标的需求。商标权产生后及博物馆品牌知名度提高引起的商标模仿和攀附,使博物馆不得不面对商标保护问题。在现行法律框架下,事业单位与企业的商标保护法律依据无二。公益性机构商标保护的特殊需求无法在现有法律框架内得到支持。国家政策鼓励博物馆开展经营,进行知识产权利用和保护,鉴于政策不得直接用于司法实践,仍应完善相应的立法,使政策的落实有法可依。

第三章
博物馆商标确权

博物馆商标的确权过程即商标权的取得过程。商标权不同于著作权，著作权为自动取得，而商标权需要法定过程确权。商标权又包括商标专用权和商标禁用权两种。一般取得商标专用权意味着同时获得禁止他人在相同或类似商品、服务上使用该商标的权利。绝大多数的商标权通过商标注册的过程取得，极少部分的商标虽然未注册，但经过较长时间使用，获得较高知名度，可经由适宜的案件申请驰名商标认定。被认定为驰名商标的非注册商标，可获得类似普通注册商标的法律保护；已注册的驰名商标，可获得跨类扩大保护。

博物馆界第一件注册商标应是1996年2月15日申请，1997年7月14日获准注册的"故宫"图文组合商标，同日获准注册的还有故宫博物院的"紫禁城"图文组合商标。其他注册较早的商标还有2004年11月28日核准注册的南京博物院"神帛堂"图形商标（注册号3447375）、2009年4月7日核准的中国国家博物馆"国道"图形商标（注册号4759194）、2009年6月28日核准注册的"苏州博物馆"图文组合商标（注册号5177967）、2010年3月28日核准注册的"中国国家博物馆"文字商标（注册号6595886）、2010年3月28日核准注册的"陕西历史博物馆"图形商标（注册号6659439）、2010年5月14日核准注册的"河南博物院"图文组合商标（注册号6698591）等。

近些年来，博物馆逐步介入经济活动，参与文化产业更加频繁，形式多样，越来越多的博物馆申请注册商标，截至 2017 年 6 月 6 日，全国 129 个国家一级博物馆累计注册商标 2752 件。❶ 较早已经注册了商标的博物馆陆续增加注册类别或者注册其他形式的商标，以求更全面地获得保护。中国国家博物馆注册了"中国国家博物馆""中国国家博物馆 NATIONAL MUSEUM OF CHINA""国家博物馆蜡像艺术馆""国博"等文字商标和以中国国家博物馆建筑外观为图案设计的图形商标，核定商品及服务几乎覆盖全品类。❷ 首都博物馆通过商标注册，对其名称、域名、宣传语等进行了全面的保护，将较有特色的建筑外观也注册为商标，核定使用在教育、演出、电子出版物及其他与博物馆有关的商品和服务上。❸ 根据国家知识产权局网站检索到的商标信息，截至 2021 年，故宫博物院、中国国家博物馆、陕西历史博物馆各自注册总量皆超过了 300 件。

博物馆对商标注册申请的提出，仅是商标确权的第一步。一般情况下，商标注册申请递交后会产生两种结果：第一，该商标通过初审，准予公告。第二，商标被驳回或部分驳回。在较理想的情况下，通过初审且公告期内，他人未提出异议，或者异议未获得国家知识产权局的支持，博物馆的商标获准注册，完成确权。如果博物馆的注册申请被驳回或部分驳回，需通过驳回复审进一步争取权利，否则将面临无法注册或仅能在其中部分产品或服务上进行注册的结果。如果通过初审，公告期内有他人提出异议，博物馆作为被异议人，对异议结果不认可，还需申请异议复审，以异议复审程序的结果作为商标确权的结果。极个别案件可能还需要进一步通过法律诉讼争取商标权。综合而言，真正意义的确权过程是较为复杂的。确权结果关系到博物馆商标权及权利范围，是博物馆进行商标保护过程中较关键的部分。

---

❶ 陈淑卿. 国家一级博物馆商标注册情况初步分析［J］. 博物院，2018（1）：55-65.
❷ 黄哲京. 博物馆文创产品的知识产权保护［J］. 故宫学刊，2016（1）：201-212.
❸ 同❷。

第一节　博物馆商标注册

一、国内注册

根据《商标法》第八条的规定，商标是指"任何能够将自然人、法人或者其他组织的商品与他人的商品区别开的标志"。商标主要的功能是标示使用该商标的商品或服务的来源，明确商品或服务的提供者。商标权是博物馆重要的知识产权，是博物馆无形资产的重要组成部分。按照《博物馆知识产权管理指南》的划分，以下有形和无形资产可以商标权的形式进行保护和利用：博物馆名、标识语（Logo）、标识图、著名艺术家的名字和签名、博物馆建筑名字（如纽约的古根海姆博物馆）、展览或项目的名称、博物馆售卖商品的包装和色彩、与博物馆有内在联系并成为其标志性展物的艺术品名等。❶

世界上各个国家和地区对商标权的获得执行不同的方式和程序，总体而言有两种获取商标权的方式，一为通过注册获得，二为通过实际使用获得。我国法律规定，商标权通过注册的方式获得。在我国，商标注册是获得商标专用权的必经途径。一般情况下，商标申请日期在先的个人或单位享有商标权，这也被称为申请在先原则。这就意味着，如果博物馆的商标未及时注册，而是被他人抢先注册，博物馆的在后注册申请将会被驳回，无法取得商标专用权；而不注册使用，还有可能面临他人的侵权投诉或诉讼。商标保护通常基于商标专用权而禁止他人使用，无专用权则不具备商标维权的法律基础。如果博物馆的商标已经使用多年，且到达驰名的程度，或可借助驰名商标条款获得保护；但实际的情况是，博物馆如有使用多年的商标，在其达到驰名之前，往往已被他人抢注。而且经历了驰名商标异化的历史过程，在认

---

❶ 莉娜·埃尔斯特·潘托洛尼. 博物馆知识产权管理指南[M]. 栾文静，陈绍玲，译. 北京：中国政法大学出版社，2019：38.

第三章 博物馆商标确权

定驰名商标的时候，审查非常严格，除非确有必要，否则不予认定。全国各级博物馆，除故宫博物院的"故宫""紫禁城"曾被认定为驰名商标外，目前尚无其他博物馆获得驰名商标认定。我国博物馆为保护自己的商标权益，必须及时进行商标注册，避免其他个人或单位抢注、乱用博物馆商标的情况，造成社会公众混淆。

博物馆的商标注册以《事业单位法人证书》作为主体证明文件，一般提供盖公章的副本复印件作为资质材料。如果博物馆委托知识产权公司代理注册事宜，还需向该知识产权公司提供委托授权书。商标注册申请的法定审查周期为9个月，实践中多为6~9个月，审查流程包括形式审查和实质审查两部分。形式审查主要审查商标图样和申请注册的商品服务项目。❶商标图样应清晰、完整。商标所申请注册的产品和服务应参照《类似商品和服务区分表》（以下简称《区分表》）进行选择。《区分表》共有45个类别，其中第1~34类为商品分类，第35~45类为服务分类。《区分表》每年有所调整，博物馆提交注册申请时，应根据最新版的内容进行选择。形式审查中发现遗漏、缺失、错误或不明确的内容，国家知识产权局商标局（以下简称商标局）会下发《商标注册申请补正通知书》，要求申请人进行信息补正。信息补正仍错误或不明的，商标申请不予受理，下发《商标注册申请不予受理通知书》，形式审查结束并退回官费。博物馆可再次申请，但原申请日期和申请号无法保留。❷实质审查主要审查申请注册商标的构成要素是否符合法律规定的实质性要求，审查内容主要包括商标是否存在法律规定的禁止作为标识使用和禁止作为商标注册的情况，是否具有显著性，是否与已注册和申请在先的商标构成相同或类似商品上的相同或近似商标等。通过审查的注册申请，准予初步审定，并予以公告。公告期满无异议的，核准注册，下发商标注册证。

《商标法》第四次修订，对博物馆注册商标申请策略提出了新的要求。2019年，修改后的《商标法》第四条增加了"不以使用为目的的恶意商标注

---

❶ 刘畅. 浅析商标注册申请形式审查流程［J］. 商业文化，2021（19）：106-107.

❷ 同❶。

册申请，应当予以驳回"；第三十三条、第四十四条也将不以使用为目的的恶意商标注册申请作为提出异议或者申请宣告无效的法定理由之一，真实使用意图成为在我国申请注册商标的法定要件之一。❶正如之前提到的，部分博物馆注册类别较多，几乎进行全品类注册，结合《商标法》的修改来看，利弊皆在。虽然修改后的《商标法》约束的是"不以使用为目的的恶意商标注册"，即博物馆基于善意的，以保护为目的的防御性注册，依然可以获准注册。然而，注册量过多，必然导致部分商标实际无法使用的问题。连续三年不使用，且没有不使用的合理理由，任何人可申请撤销该商标，即"撤三"申请。如果博物馆遇到"撤三"的情况，无法举证该商标在所注册的产品或服务上已使用，且无不使用的充分理由，则该商标必然被撤销。2021年，故宫博物院的多件注册商标曾因未实际使用而被他人申请撤销。博物馆的商标注册，既要考虑提前布局保护的"防御性"注册问题，也应考虑商标无合理理由不使用而带来的"撤三"问题。与博物馆业务和经营项目密切相关的类别，应积极考虑提前布局保护，即使这类注册并不都会实际使用，未来可能有被撤销的风险，也宜从积极防御的角度提前申请注册。与博物馆业务和经营项目关联较小的商标注册，重要性及使用概率相对低，防御性注册的必要性可另行评估。实践中还有更为复杂的情况，比如烟酒类与博物馆关联较小，但烟酒企业往往更需要文化加持，所以这类企业可能有意申请注册与博物馆商标近似的商标。例如，四川某酒企业注册的"故宫红""故宫荟"，虽然其注册类别与博物馆业务不相关，但攀附意向明显。博物馆不在酒类产品上注册时较难抵挡对方攀附性注册。

博物馆在商标注册中，可能遇到商标申请被驳回或部分驳回的情况。如果对驳回决定不服，可以自收到《商标驳回通知书》15日内，向国家知识产权局商标评审委员会（以下简称商标评审委员会）申请复审。商标局下发《商标驳回通知书》时会以《引证商标》信息表格作为附件，列明在先近似商标的注册人、地址、类别、申请日期、专用期限、代理人名称和地址、图

---

❶ 郑悦迪. 商标注册制度中的"使用意图"要求比较研究[J]. 知识产权，2020（4）：74-83.

形要素、图样、具体注册商品等信息,供被驳回商标申请人了解情况、进行复审及诉讼提供必要信息。

如发生部分驳回的情况,商标局将向申请人或代理人寄发《商标部分驳回通知书》。列明通过审定的商品项目、驳回的商品项目以及驳回理由。如果申请人对驳回决定不服,可以自收到《商标部分驳回通知书》15日内,向商标评审委员会申请复审。《商标部分驳回通知书》附件除《引证商标》信息表格外,还包括《商标注册申请分割申请》。《商标注册申请分割申请》类似于回执,其中的信息包括申请人名称、注册申请号、代理机构名称。商标申请人如提交分割申请,代表同意将原注册申请分割为两份,其中初步审定的部分申请分割成另一申请,给予新的申请号。如未及时提出分割申请,则在复审及诉讼阶段,初步审定部分暂时不予公告。《商标注册申请分割申请》须申请人签字或盖章,代理组织、代理人签章后,于收到《商标部分驳回通知书》15日之内向商标局提出分割申请。由于具体日期以邮局邮戳日期为准,所以博物馆须保留收到《商标部分驳回通知书》时所用信封作为证据材料。如遇商标注册申请被驳回或部分驳回的情况,博物馆应结合商标注册的必要性和复审成功的可能性,尽快评估是否申请复审。如果进行复审,则应尽可能收集、整理完整的复审证据和材料,提高复审的成功率,并于法定期限内提交至商标评审委员会。

二、国际注册

各国或地区的商标保护制度不同,因此博物馆在中国注册,并不能够延伸至其他国家或者地区。具有海外推广需求的博物馆应及时进行海外注册。故宫博物院基于国内注册,先后对"故宫""紫禁城"商标在马德里和欧洲联盟(简称欧盟)申请注册,并在印度、新西兰、日本、美国等国家进行了单独注册。

马德里商标国际注册是根据《商标国际注册马德里协定》(以下简称《马德里协定》)或《商标国际注册马德里协定有关议定书》(以下简称《马

德里议定书》）的规定，在马德里联盟成员国间所进行的商标注册。"截至2019年8月，马德里联盟共有105个缔约方，覆盖121个国家。""相对于逐一国家注册，马德里商标国际注册具有覆盖范围广、手续方便快捷、费用相对低廉的优点。"[1] 我国分别于1989年和1995年加入了《马德里协定》和《马德里议定书》。除我国外，美国、德国、英国、法国、日本、韩国等都是马德里联盟成员。

马德里国际商标注册体系采用"中心打击"原则，"申请商标国际注册必须在国内有在先商标注册申请或者在先注册商标，在国际注册之日起5年内，不管什么原因，如果国内的商标注册申请没有被核准，或者国内的商标注册被撤销或者宣告无效了，那么国际注册也就同时失效"。[2] 马德里注册体系建立的目的是商标注册申请人节约时间和经济成本，该规则意在保证通过马德里体系注册商标的人皆以使用为目的且出于善意。通过马德里国际注册体系进行注册，在为博物馆节约大量预算和时间成本的同时，也使博物馆的国际注册面临"中心打击"风险，如博物馆通过马德里体系进行国际注册，应认真做好商标维权，确保国际注册5年内国内基础商标的稳定有效。在国际注册满5年后，国际注册不再与国内基础注册或基础申请发生关联，即使在本国的申请被撤销或者无效宣告，博物馆在国内的注册失效，也不影响马德里体系的国际注册商标。应注意的是，如果国际注册满5年前，博物馆国内基础注册被提出"撤三"[3]或无效宣告，即使在满5年后案件审理完，予以撤销或无效，"中心打击"依然有效，即是否满5年，取决于"撤三"或无效宣告的申请日期是否在国际注册满5年前，而不是实际被撤销或无效的日期。

实现博物馆商标在欧盟各国家的注册有三种方式。第一，马德里国际注册。欧盟于2004年10月1日加入《马德里议定书》，因此可通过马德里注

---

[1] 国家知识产权局商标局中国商标网. 如何办理马德里国际商标注册申请[EB/OL]. (2019-08-29)[2020-12-05]. http://sbj.cnipa.gov.cn/sbj/gjzc/201908/t20190829_1081.html.

[2] 张月梅. 商标国际注册的中心打击，后果是一毁俱毁[J]. 中华商标，2019（2）：78.

[3] "撤三"即撤销连续三年未使用的注册商标。《商标法》规定，没有正当理由连续三年不使用的，任何单位或个人可以申请撤销该注册商标。

册覆盖欧盟各成员国。第二，地区注册，即向欧盟商标局机构递交申请，由机构分别发送给各成员国家审查并接受异议。欧盟商标申请注册成功后，可在欧盟27个成员国使用该商标，相对于逐一国家申请，费用大幅降低。第三，逐一国家注册，即向欧盟各国家分别递交申请，一般费用较高，手续复杂。

国内的文字商标进行欧盟国际注册时会被认定为图形商标。"相应地，在与可能构成冲突的在先商标进行比较时，需要注意的是其主要通过视觉方面进行对比，而发音、概念的对比在整体比较中被赋予的重要性则相对较低。"❶ 即使有在先商标与博物馆拟申请商标的中文文字相同，博物馆可以通过强化视觉效果设计，使之具有自身特色，则可在一定程度上降低申请时被异议的风险。同理，博物馆基于已注册欧盟商标进行维权，对于中文文字相同，视觉效果不同的商标，也较难认定近似或相同。

英美法系与大陆法系对商标注册所获得的权利有着不同的理解。"英美法系认为注册不过是一个公示，表明相关的商标已经使用或者将要使用。而大陆法系则认为，商标注册是商标权利获得的途径。"❷ 英国商标制度要求商标注册的条件是该商标已经使用或意欲使用。英国没有全面地使用商标统计，无法为注册申请人提供全面记录，商标使用人和申请人无法提前知晓是否与他人商标权利相冲突。已经实际使用的商标与申请注册的商标，可能构成相同商品上的近似商标。在先使用人不排斥在后注册人，已注册人不排斥原使用人在原有范围内继续使用。在英国，未注册商标与注册商标的保护区别在于，实际使用而未注册的商标权人起诉条件是他人假冒其商品，注册商标权人在其商标被任何非法使用时皆有权起诉，而无论其商品是否被假冒。

在美国，提交注册申请可基于在美国商业中已经使用和意向使用。基于意向使用仍需于递交申请后至获得商标注册前实际使用该商标并提交实际使用证明，否则将不予注册。虽然有延期使用的政策，但是申请人在申请时未

---

❶ 李黄裳，黄若薇. 在欧盟申请注册中文商标应注意什么？[N]. 中国知识产权报，2017-09-01（008）.

❷ 李明德. 两大法系背景下的商标保护制度[J]. 知识产权，2021（8）：3-20.

使用其商标的，最晚应自收到美国专利商标局的接受通知之日起三年内实际使用该商标。

第二节　注册驳回复审[1]

博物馆商标在一定程度上代表着博物馆的形象和特征，对博物馆发展文化事业、参与文化产业和扩大品牌影响力具有重要意义。我国实行商标专用权注册取得制度。然而博物馆注册商标并非一帆风顺。河北博物院的"长信宫灯"商标注册在《区分表》第43类被驳回，驳回原因是其他主体在该类别上在先注册了"长信宫灯"商标。河北博物院通过异议及异议复审程序，使得在先注册商标被驳回，为自身商标注册扫清了道路。民办公助的宁海十里红妆婚俗博物馆也因他人已经在先申请注册"十里红妆"商标而无法获准注册。故宫博物院在申请注册"宫"图文商标时，曾在个别类别被驳回，通过驳回复审才得以成功注册。可见，博物馆申请注册并不意味着一定能获准注册，被驳回或部分驳回的情况时有发生。遇到驳回时，通过注册驳回复审进一步争取商标专用权，是博物馆商标确权的重要步骤，对于维护博物馆应有权益必要且重要。

一、商标注册驳回复审

博物馆申请商标注册，可能遇到申请商标被驳回或者部分驳回的情况。博物馆商标注册申请被驳回，可通过商标驳回复审途径获得法律救济。商标驳回复审，是指申请注册的商标经商标局审查，被驳回或不服驳回，申请人对商标局的驳回理由和法律依据不服，而向商标评审委员会申请复审。

《商标法》第三十四条规定驳回商标的复审申请的法定时限通常为自博

---

[1] 王月芳. 论博物馆注册商标驳回复审及其答辩要点［J］. 法制与经济，2021, 30 (4)：10-14.

物馆收到驳回通知书之日起十五日内,逾期则不被受理。商标评审委员会应当自收到复审申请之日起九个月内作出决定,如遇特殊情况确需延长的,经国务院工商行政管理部门批准,可以延长三个月。博物馆申请复审的理由应与驳回理由一一对应,如不一致则不会被受理。

二、驳回复审的救济目的

为了确保审查质量,保障商标注册申请人的利益,《商标法》设置了注册商标驳回复审程序。一方面,商标注册审查结果基于商标局的审查程序和标准,但是审查人员的专业知识和工作经验会存在一定的个体差异,审查工作难免受到一定的主观因素的影响。另一方面,按现有注册申请的程序设置,包括博物馆在内的全部申请人提交注册申请时,皆无法在申请书中全面反映其申请注册的客观情况,但由于复审程序的存在,申请人得以提供其注册申请的全面情况。

三、商标注册驳回复审适格主体

博物馆申请的注册商标被驳回时,博物馆作为申请人,是驳回复审的唯一适格主体。商标注册驳回复审程序中,诉争商标通常被称为申请商标,且该程序中的行政相对人只有商标注册申请人一方,即驳回商标复审申请主体为被驳回商标的申请人,其他人不具有申请资格。驳回商标注册申请的行政行为是商标局依职权作出的,商标评审委员会仅根据商标注册申请人的复审请求启动复审程序,因此不具有不同的行政相对人之间对商标的注册或者有效与否产生纠纷并请求居中裁决的性质,❶这是注册驳回复审与异议复审、无效宣告复审的不同之处。

---

❶ 陈锦川. 商标授权确权的司法审查 [M]. 北京:中国法制出版社,2014:8.

四、商标注册驳回复审的程序设置

商标评审委员会将针对商标局的驳回决定和博物馆申请复审的事实、理由、请求以及评审时的事实状态进行评审。如果商标局仅驳回申请商标指定使用的部分商品或服务，而在其他商品或服务上准予初步审定，博物馆不服商标局部分驳回决定，亦可申请复审，审查范围一般限定于被驳回的部分商品或服务，而不包括已经初步审定的商品。如果博物馆对之前的申请并未申请分割，则通过的部分不会被公示，商标评审委员会将在驳回复审中对申请的全部商品或服务一并进行评审。

注册驳回复审可能产生两种结果：商标评审委员会认为复审申请理由成立的，被驳回商标准予初步审定，予以公告；复审申请理由不能成立的，维持商标局原驳回意见，对申请商标予以驳回。如果申请商标违反法律规定的禁用或者禁止注册的规定，商标局的驳回结果正确但驳回决定中存在法律适用的错误，商标评审委员会也会一并更正。商标评审委员会的复审决定一经作出，即产生法律效力；当事人对复审决定不服的，可以自收到通知之日起三十日内向人民法院起诉。

五、博物馆商标注册驳回复审证据材料

申请复审，在一定程度上表明商标对当事人的重要性。复审的主要作用是为商标申请当事人提供讲理由的机会，讲理由需要一定的技巧和逻辑，应建立在客观事实基础上，应能够提供证据证明。根据商标评审委员会《关于简化驳回复审案件申请材料的公告》，自2018年9月1日以后提起的驳回复审申请，不再提交《商标驳回通知书》或《商标部分驳回通知书》。因此，驳回复审答辩材料通常包括：（1）博物馆简介、获得的各项荣誉、资质证明（通常为组织机构代码证）复印件（2018年以后提起驳回复审的，如复审申请人名义与注册申请人名义一致，可不再提交申请人主体资格证明材料）。

（2）博物馆对申请商标构思及使用情况（主要突出知名度），包括：证明申请商标"突出使用"的所有相关材料、照片、合同等复印件；使用了申请商标的产品或服务最近三年的销售、广告费用及相关财务情况；媒体报道或图片，广告原件及复印件，使用了申请商标的产品外观原件及复印件；其他可以证明产品和商标知名度的证据和材料。（3）博物馆最早使用此商标的证明材料。（4）商标局邮寄《商标驳回通知书》的信封（收件当地邮戳应清晰），以便计算博物馆收到商标局驳回通知的日期；邮戳不清或者没有邮戳的，以商标局发文标注的日期顺延15天视为博物馆收到的日期，或者将商标评审委员会收到商标复审申请的日期上溯15天视为博物馆发出的日期。（5）如委托知识产权机构代理则需要提供商标评审代理委托书。

博物馆应对证据材料进行逐一分类编号，并制作目录清单，对证据材料的来源、证明的具体事实做简要说明，并加盖公章。博物馆提交的证据并非越多越好，而是应该注重证据的有效性；证据整理应注重主次，以帮助审查人员快速理清案件情况。

六、博物馆商标注册驳回复审答辩要点

注册驳回复审案件中，驳回理由往往决定着答辩策略。依据驳回理由的不同情况，商标驳回分为绝对驳回和相对驳回两种。绝对驳回是指该商标申请违反了《商标法》关于注册的禁止性规定，包括禁止使用和禁止注册的规定，主要涉及违反了社会的公序良俗或缺乏显著性的情形。[1] 相对驳回是指申请商标与在先申请或在先注册的商标、在先驰名商标在整体上或者部分上存在近似，或者妨碍他人在先权利，如著作权、商号权、肖像权、姓名权、外观设计专利权等。

博物馆在申请注册前，一般对《商标法》的禁止使用和禁止注册的规定有所了解，因此以《商标法》禁止使用和禁止注册规定作为理由而被驳回

---

[1] 梅远. 如何有效应对商标注册申请的驳回［J］. 中华商标，2015（6）：80.

的情形较少。在博物馆的商标注册实践中，因与在先商标构成近似而被驳回占大多数，即博物馆申请注册的商标与他人在先的引证商标，包括他人已注册的商标、他人已经初步审定公告的商标和他人注册申请中的商标，构成相同或类似商品上的相同或近似情形。因此，厘清因在先商标而被驳回情况下的复审答辩思路，对博物馆通过注册商标驳回复审争取商标专用权具有重要意义。

2018年7月24日，故宫博物院申请注册"宫"商标，2019年2月收到商标局下发的《商标部分驳回通知书》，第32452247号"故宫博物院THE PALACE MUSEUM及图"商标（见图3.1）初步审定在第3类"研磨剂，抛光制剂，香料，香"上使用该商标的注册申请，予以公告。同时，驳回在第3类"清洁制剂，梳洗用制剂，洗衣剂，化妆品，香水，牙膏"上使用该商标的注册申请。理由是该商标与四川某日化有限责任公司在类似商品上注册期满未续展，但自期满之日起未满一年的第4520094号"宫"商标（见图3.2）近似；与广州某宠物用品有限公司在类似商品上已注册的第20697973号"宫"商标（见图3.3）近似；与青岛某生物科技有限公司在类似商品上已注册的第20724775号"佰纳因子宫THE SECRET OF"商标（见图3.4）近似。

图3.1　第32452247号商标

图3.2　第4520094号商标

图3.3　第20697973号商标

图3.4　第20724775号商标

第三章　博物馆商标确权

申请人故宫博物院对驳回决定不服，向国家知识产权局商标局申请复审。国家知识产权局商标局经复审认为：至该案审理时，驳回决定中引证的第4520094号"宫"商标因专用期限届满未在法定期限内申请续展注册，已丧失商标专用权，不再构成申请商标注册的障碍。申请商标与驳回决定中引证的第20697973号"宫"商标和第20724775号"佰纳因子宫THE SECRET OF"商标在构成要素、呼叫、含义、整体视觉效果等方面存在一定差异，未构成《商标法》所指使用在同一种或类似商品上的近似商标。因此作出决定，申请商标在复审商品上的注册申请予以初步审定。❶

故宫博物院申请注册的第32456596号"故宫博物院THE PALACE MUSEUM及图"商标（见图3.5）注册申请被部分驳回。初步审定在第19类"石膏（建筑材料），木材，砖，非金属耐火建筑材料，路面敷料，石、混凝土或大理石艺术品，非金属水管，凉亭（非金属结构），建筑玻璃"上使用该商标的注册申请；驳回在第19类"制陶器用黏土"上使用该商标的注册申请，理由为该商标与奉化市某石材有限公司在类似商品上已注册的第12297121号"宫"商标（见图3.6）近似。

图3.5　第32456596号商标　　图3.6　第12297121号商标

为争取商标权，故宫博物院申请复审。经复审，国家知识产权局商标局认为，申请商标与驳回决定中引证的第12297121号"宫"商标在构成要素、呼叫、含义、整体视觉效果等方面存在一定差异。申请商标与引证商标未构

---

❶ 商评字〔2019〕第0000234918号《关于第32452247号"故宫博物院THE PALACE MUSEUM及图"商标驳回复审决定书》。

成《商标法》所指使用在同一种或类似商品上的近似商标。因此作出决定：申请商标在复审商品上的注册申请予以初步审定。❶

从以上案例可以看出，博物馆在注册驳回复审中证明申请注册的商标，未与引证商标构成近似，主要着重证明引证商标已不属于合法有效状态，或者博物馆申请商标与引证商标不是同种商品（服务）、类似商品（服务）上的近似商标。两种情形，只要满足其中一种，即可排除在先障碍。

（一）引证商标状态

无论引证商标属于公告期被异议驳回，或过期未续展，或因"连续三年未使用"而被撤销，还是因存在不当手段取得注册而被无效宣告，皆属于引证商标失去其有效状态，不构成近似，不再构成博物馆申请注册障碍。

（二）是否为同种商品（服务）或类似商品（服务）上的近似商标

关于博物馆申请商标与引证商标是否为同种商品（服务）或类似商品（服务）上的近似商标的问题，应另分成两个层面进行证明。

第一层面，证明博物馆申请注册的商品或服务与引证商标注册的商品或服务不为同种或类似的商品或服务。在判断商标核定的商品和服务是否类似方面，主要考察在功能、用途、主原料、生产部门、消费对象、消费渠道等方面是否具有一定共同性。❷

第二层面，证明博物馆申请注册的商标与引证商标不是近似商标。

（1）商标是否近似的证明则与商标类型有一定的关系。文字商标主要从音、形、义三个方面证明近似与否。对于文字商标应充分列明申请注册使用商标的原因，其中的原因应基于诚信，且合情合理，不存在抄袭和模仿的情形。图形主要从外观即图形构图、设计证明区别之处；图形有含义的情况下，含义也可列入比较的范围；对于图形商标，还应说明该商标怎样呼叫。对于图文组合商标，则应证明主要识别部分的对比情况。因文字容易呼叫，

---

❶ 商评字〔2019〕第0000234919号《关于第32456596号"故宫博物院 THE PALACE MUSEUM 及图"商标驳回复审决定书》。

❷ 黄晖.《商标侵权判断标准》出台回应商标执法的热点和难点[J]. 中华商标，2020（7）：8-12.

商标评审委员会对图文组合近似的认定，仍以文字作为主要识别部分居多，少部分案例以图形或者图文组合整体作为主要识别部分。❶

（2）判断商标是否近似，除了要考虑商标标志的近似程度外，也要考虑相关商标的显著性和知名度。❷因此，博物馆在证明引证商标与博物馆申请商标不近似时，应在答辩中对自身申请商标的显著性和引证商标知名度进行论述，如果存在引证商标知名度较高而博物馆申请注册商标显著性较低的客观情况，则商标并存使用容易引起混淆，被认定为近似商标的可能性较高，予以注册的可能性较低。

（3）尊重客观已经形成的市场实际，是考量商标是否予以注册的另一因素。如果博物馆商标在申请注册前，已经将申请商标投入使用，并形成一定影响力，从而使一般公众能够将该商标与博物馆形成固定联系，即属于"通过使用获得了显著性"。考虑到已经形成的市场秩序和声誉，以及业已形成的公众群体，相关公众可以将博物馆商标与引证商标区分，在不会造成混淆误认的情况下，则可被认定为不近似。这一点在《最高人民法院关于审理商标授权确权行政案件若干问题的意见》中已明确："对于使用时间较长、已建立较高市场声誉和形成相关公众群体的诉争商标，应当准确把握商标法有关保护在先商业标志权益与维护市场秩序相协调的立法精神，充分尊重相关公众已在客观上将相关商业标志区别开来的市场实际，注重维护已经形成和稳定的市场秩序。"这也是商标评审委员会评审注册驳回复审案件的标准和原则。使用的事实应以证据佐证，否则无法认定。因此，博物馆申请商标之前已经投入使用的，应提交使用证据，使用证据多为实际使用中的商标图样，产品照片和相应的广告宣传等。关于申请商标的知网、百度等网络搜索结果和博物馆获得奖项的相应媒体报道，也可作为商标知名度和影响力的证明。

---

❶ 陈锦川. 商标授权确权的司法审查［M］. 北京：中国法制出版社，2014：226.

❷ 同❶：231.

七、博物馆商标注册驳回复审适用的其他辅助手段

运用辅助手段的目的在于使引证商标失去原有法律效力,从而消除在先障碍,使博物馆申请注册商标被核准。从前文案例可以看出,在注册驳回案例中,可存在一个或者多个引证商标。实践中,根据引证商标法律状态的不同情形,可分别采用"撤三""无效宣告""异议"等辅助手段,消除引证在先障碍。

(一)撤销连续三年不使用注册商标

如果引证商标已注册满三年,注册核准的产品和服务与其经营范围不相关,可推测其真正使用该商标的可能性较低,则博物馆可在提出驳回复审申请的同时,就引证商标向商标局提出"撤三"申请。若引证商标因连续三年未使用而被撤销,则博物馆申请注册的商标有可能被核准注册。

(二)注册商标无效宣告

如果引证商标已注册但尚未满三年,且符合《商标法》规定的"误认""不良影响""以欺骗手段或者其他不正当手段取得注册"等情形,博物馆可在提出驳回复审申请的同时,尝试就引证商标向商标评审委员会提出注册商标无效宣告申请。若引证商标被宣告无效,相当于商标权自始不存在,则博物馆申请注册的商标可能被核准。

(三)商标异议

如果引证商标正处于公告期,博物馆可对该引证商标提出异议申请。如果引证商标正处于待审或实质审查阶段,博物馆应持续监控引证商标的法律状态,一旦引证商标进入公告期,博物馆便可提出异议。若能成功异议引证商标,则博物馆申请注册商标可能被核准注册。

(四)商标共存

如果引证商标不存在对博物馆商标的抢注,双方商标并存不损害任何一方利益时,博物馆可通过协商争取在先引证商标注册人向博物馆单方出具《商标注册同意书》或者双方共同签订《商标共存协议》,以表明对方同意博

物馆申请注册商标,可帮助博物馆在注册驳回复审中获得允许注册的机会。《商标注册同意书》和《商标共存协议》均能反映在先引证商标注册人同意在后商标注册申请人注册申请商标的意思。❶

商标共存的前提是,双方商标的注册和使用皆无任何不正当目的,博物馆商标与引证商标虽然近似但仍存在一定的差异,博物馆申请注册的产品或者服务与引证商标申请或者核准的产品或服务,虽然相近但不完全相同。所以两商标并存使用,不会引起混淆或影响市场秩序,不至于引起消费者的利益损害。否则,即使博物馆获得对方出具的《商标注册同意书》或者双方共同签订《商标共存协议》,也不会得到商标评审委员会的支持。

(五)协商转让

在商业领域中,通过协商获得商标权转让的情形并不鲜见,甚至很多不法分子专门抢注他人商标,通过转让获利。在引证商标不存在可被撤销或无效宣告的情形,抑或异议或者无效宣告失败的情形下,商标注册申请人与引证商标注册人进行协商,尝试将引证商标转让至自己名下的确是一种有效的商标专用权获得策略。但是,博物馆特别是国有博物馆是否适合采用这种方式获取商标专用权,尚有待于进一步论证。

博物馆申请注册被驳回时,通过注册驳回复审进一步争取商标专用权,有助于提高博物馆商标注册的成功率。注册驳回复审案件中,商标评审委员会针对商标局的驳回决定和博物馆申请复审的事实、理由、请求以及评审时的事实状态进行评审。驳回理由往往决定着答辩思路,驳回决定作出后至复审评审时所发生的情势变更也将纳入评审的范围。博物馆对申请商标构思及使用情况,博物馆最早使用此商标的证明材料,博物馆申请注册商标知名度的证据材料以及博物馆获得的各项荣誉等皆属于重点证据。注重所提供证据的有效性和证据主次,可以帮助审查人员快速厘清案件情况,有助于博物馆商标获得支持。因在先商标近似被驳回的情形下,证明引证商标已不属于合法有效状态,或者博物馆申请商标与引证商标不是同种商品(服务)、类似

---

❶ 梅远.如何有效应对商标注册申请的驳回[J].中华商标,2015(6):83.

商品（服务）上的近似商标，方可在复审中获得支持。除了有效、有力的证明材料和符合法律逻辑的严谨论证外，"异议""撤三""无效宣告"等辅助手段的运用也能够在一定程度上提高博物馆驳回复审答辩的成功率。辅助手段的运用，有助于消除在先障碍，从而使博物馆申请注册商标被核准。运用"异议""撤三""无效宣告"等手段，应根据引证商标的状态和具体情形采取适宜的手段。

另外，博物馆商标确权过程中也可能涉及不予注册异议复审，如博物馆的注册申请通过商标局初审，准予公告，公告期内有他人提出异议，则进入异议程序。如果博物馆对异议决定不服，可以申请复审，即不予注册异议复审。异议复审行政程序中的争诉商标通常被称为被异议商标，行政相对人包括异议复审的申请人（商标的注册申请人）和被申请人（即对商标提起异议的一方）。商标局作出不予注册决定，才可提起异议复审。商标局认为异议理由不成立，对公告商标准予注册的，原异议人只能在该商标核准注册后申请无效宣告。

根据《商标法》的规定，商标局作出不予注册决定，被异议人不服的，可以自收到通知之日起十五日内向商标评审委员会申请复审。商标评审委员会受理商标异议复审案件后，会将申请书副本及其他证明材料寄送给提出异议的一方，并另限期作出答辩。博物馆限期内未作出答辩，不影响案件审理，答辩情况将在异议复审裁定书中体现。但为了争取商标最终获准注册，博物馆还应积极参与答辩。商标评审委员会应当自收到申请之日起十二个月内作出复审决定，并书面通知异议人和被异议人。有特殊情况需要延长的，经国务院工商行政管理部门批准，可以延长六个月。被异议人对商标评审委员会的决定不服的，可以自收到通知之日起三十日内向人民法院起诉。商标评审委员会审理异议复审案件，是针对复审当时的事实、理由以及请求进行评审。异议人向商标局提出的异议理由、事实主张和证据并不当然地属于异议复审程序审查的范围。因此，博物馆作为异议复审申请人如希望商标评审委员会重新审查异议阶段的理由、事实和证据的，应在异议复审程序中重新提出，也可以提出与商标局所作异议裁定不同的理由、事实和证据。商标评审委员会对异议复审申请所能裁定的结论不是维持或者撤销商标局的异议裁定，而是针对被异议商标能否核准作出裁定。因此，异议复审程序是对异议复审请求的独立审查，而非行政复议，其裁定不受商标局异议裁定的范围限制。[1]

小　结

博物馆商标的确权过程即商标权的取得过程。确权结果关系到博物馆商标权及权利范围，是博物馆进行商标保护过程中最核心的部分。申请注册、驳回复审和不予注册异议复审共同构成了博物馆商标确权的程序。博物馆商标专用权须通过注册取得，随着我国商标注册总量的提高，博物馆商标注册申请因与他人注册商标构成近似而被驳回的比例也不断增加。通过驳回复审程序，可提高博物馆注册成功率。博物馆申请注册商标通过初审，被他人异议时，应积极利用不予注册异议复审，增加获准注册的可能性。

---

[1] 陈锦川．商标授权确权的司法审查［M］．北京：中国法制出版社，2014：8．

第四章
博物馆注册商标维权

根据具体国情和实际情况，我国建立了司法保护和行政保护"两条途径、协调运作"的"双轨制"商标保护制度。行政保护胜在程序简便、处理迅速、结案所需时间较短，避免了单独依靠司法程序解决商标纠纷程序复杂、费时费力的弊端。❶ 由于双轨制的存在，博物馆绝大多数的商标维权案件都在行政保护阶段得到解决。因此，本章在论述博物馆商标维权的过程中，侧重行政维权，其中引入的案例以行政案例为主，兼顾司法案例。

第一节　维护博物馆商标权的必要性及主要侵权表现

一、维护博物馆商标权的必要性

维护博物馆商标权的必要性，主要体现在如下三个方面。

第一，从法律角度看，商标权本身属于博物馆的权利之一，应当积极维护。博物馆商标维权起始于博物馆商标权的产生和市场经济的繁荣。博物馆商标权的产生和侵权案件的发生，促使博物馆认识到商标维权的重要性和紧

---

❶ 江闻.中国商标保护"双轨制"发挥重要作用［N］.中国经营报，2005-11-14（D03）.

迫性。

第二，维护博物馆商标是国有资产保值增值的要求。知识产权具有资产价值，商标权属于博物馆的无形资产，而博物馆的无形资产，本质上属于国有资产，博物馆负有保证国有无形资产不受损害的责任。从确保国有资产保值增值的角度而言，博物馆应该积极维护商标权。

第三，维护博物馆商标权是博物馆实施品牌道路、介入文化产业的必然选择。商标是博物馆品牌的核心元素，是塑造和保护博物馆品牌不可缺少的视觉符号，商标代表了博物馆的形象，是博物馆向社会公众传递博物馆品牌特征和品牌形象的渠道。同时，商标也是凝结无形商誉的载体。因此，从经营和品牌塑造的角度看，博物馆传承历史，传播文化，参与文化产业，进行文创产品研发、营销，开展品牌授权和跨界合作，也需要商标以标明产品和服务来源，积累商誉，彰显品牌特征，树立品牌形象。

二、主要侵权表现

博物馆商标权被侵犯主要表现为博物馆未注册商标被抢注、博物馆注册商标被仿冒、博物馆注册商标被其他法律主体模仿注册、博物馆注册商标被他人恶意撤销、博物馆驰名商标被淡化等。

1. 博物馆未注册商标被抢注

博物馆商标被抢注主要表现为博物馆已经使用而未注册的商标、博物馆拟注册的商标被他人提前抢先注册，导致博物馆注册商标申请被驳回，无法获得商标专用权。在此种情况下，他人抢注在先，获得了专用权，倘若博物馆使用该商标，则可能构成对抢先注册人商标专用权的侵犯，有可能被抢注人恶意反诉。这其中也包括博物馆知名藏品的图像、图形被他人抢注为商标的情况。河北博物院的"长信宫灯"商标注册在《压分表》第43类被驳回，驳回原因是其他主体在该类别上在先注册了"长信宫灯"商标。河北博物院通过异议及异议复审程序，使得该商标被驳回。民办公助的宁海十里红妆婚俗博物馆也因他人已经在先申请注册"十里红妆"商标而无法获准注册。

2009年，中国国家博物馆馆藏文物击鼓说唱俑形象被某民营企业用于商标注册，涉及的产品和服务与博物馆近似，容易造成混淆，一旦出现产品质量问题，博物馆很可能被牵涉其中而产生不利影响。❶

商标保护意识增强之前，博物馆的很多标识已投入使用，但未及时申请商标注册。这些投入使用的且具有较大知名度或市场潜力的商标，最易成为他人抢注的对象。因我国商标权采取注册取得制度，博物馆的商标一旦被抢注，再想获得法律保护是非常困难的。除极个别通过长期使用而获得较高知名度的驰名商标外，未取得注册的商标，均难以有效地获得法律保护。个别通过长期使用而获得较高知名度的驰名商标，几乎产生于市场经济初期或低速发展期，商标培育随市场经济的发展而发展，且无他人的恶意抢注，驰名商标的认定条件也较为宽松，几项因素共同作用，才能实现未注册驰名商标的产生。如今，市场经济的发展已非常成熟，知识产权保护意识普遍提高，未注册商标稍有名气便会被他人抢注，实际上几乎不存在可以通过长期使用获得较高知名度而获得驰名商标认定的情形。而且，经过了驰名商标异化的历史经验，我国对待驰名商标的认定也回归冷静，可被"认驰"的商标越来越少，认定道路越来越艰难。

2. 博物馆注册商标被仿冒

仿冒是指对方在实际的生产、销售、宣传产品或服务的过程中，使用了与博物馆商标相同或近似的商标，而未取得合法注册或许可的情形。文化部恭王府管理中心合法在先取得"天下第一福""康熙御笔之宝"的商标专用权。北京某文化艺术有限公司在《人民日报》上刊登广告，销售"康熙御笔'福'字立轴"商品，该商品在包装、商品本身、宣传材料及广告上使用"天下第一福""康熙御笔之宝"注册商标，❷构成对恭王府管理中心商标专用权的侵犯。

3. 博物馆注册商标被其他法律主体模仿注册

为了"蹭热点"和"搭便车"，社会上不少企业针对具有较高知名度的

---

❶ 王亚军. 博物馆授权语境下 IP 与品牌关系分析 [J]. 博物院, 2020（5）: 96-101.

❷ 魏敬贤. 文物管理机构商标注册问题——由"天下第一福"商标侵权案说开去 [J]. 中华商标, 2010（5）: 40-44.

博物馆商标进行模仿注册。这些模仿博物馆商标而注册的商标，与博物馆商标并不完全相同，其文字或图形与博物馆商标存在不同程度的相似性，有意造成混淆和误认，刻意攀附博物馆商标的知名度。例如，"故宫红"商标构成对"故宫"商标的模仿，"紫禁御宴"商标构成对"紫禁城"商标的模仿。

4. 博物馆商标被他人恶意撤销

为了实现商标权的确立和消亡两个方面的平衡，《商标法》在设立注册取得制度的同时还设立了商标撤销制度。自取得专用权之日起，连续满三年未使用的商标，任何人可以申请撤销，简称"撤三"制度。"撤三"制度的设立，原本的用意是为了防止不当挤占公共资源的行为，维护商标应以实际使用为目的的立法初衷。但是，"撤三"制度的存在也为企图"搭便车"者提供了钻"空子"的机会，为了注册与博物馆商标相同或近似的商标，借助博物馆的知名度和社会热点话题效应，实际拟注册人（多为企业）往往以他人（某个个人）名义对博物馆注册商标提出"撤三"申请，撤销博物馆的注册商标后，为实际注册人的注册行为博取获准的机会。故宫博物院、中国国家博物馆等国家级博物馆均实行了防御注册策略，尽量实行全品类注册，以获得更全面的保护。较多类别可能并未实际使用，这就意味着，遇到"撤三"时，难以形成有效抗辩。

5. 博物馆驰名商标被淡化

驰名商标保护问题并不是博物馆领域商标保护的普遍问题，但是仍有必要将其纳入研究范围。其一，虽然截至目前，仅故宫博物院的注册商标获得过驰名商标认定，但是在故宫博物院商标保护工作中，驰名商标认定的事实发挥了无可比拟的巨大作用。其二，虽然其他博物馆暂不涉及驰名商标保护的问题，但是随着文化产业的发展和国家对博物馆资源多样化利用的要求，博物馆的注册商标正在发挥越来越大的作用。多领域跨界合作渐成趋势，博物馆在品牌授权领域已经占有一席之地，未来博物馆注册商标知名度也将随之提高，当博物馆注册商标知名度达到"驰名"的程度，便有必要对其进行驰名认定以达到最佳保护效果。"从《商标法》角度看，争创驰名商标具有特殊意义：驰名商标即使未注册也可以享有商标专有权，注册的驰名商标可以跨类获得保护，驰名商标所有人享有特殊期限的排他权等。"[1] 博物馆商标"认驰"后，将面临驰名商标被侵害的风险，即驰名商标淡化。驰名商标淡化是指他人擅自将与博物馆驰名商标相同或近似的文字、图形或其组合使用在不类似的商品或者服务上，从而减弱驰名商标原有显著性和识别性，损害或者污损驰名商标商誉的情形。反淡化的重点在于确保博物馆驰名商标所蕴含的价值不被他人分享和侵蚀。

第二节　博物馆注册商标维权策略

近些年，博物馆知识产权保护意识有所提高，但在商标维权方面仍然存在一些问题。例如，维权方面缺少主动性，缺少提前防范的意识。"博物馆往往在自身知识产权被侵犯时才诉诸诉讼等手段进行维权，在侵权纠纷发生之前，意识不到馆藏资源蕴涵的无形价值"；[2] 普遍缺少通过商标监测进行侵权预防的意识，缺少对"商标异议""无效宣告""撤销三年不使用的商标"等手段的了解和运用；在日常管理中，使用证据保留不足。博物馆注册商标权利维护，可从三个方面布局。

一、及时注册和续展，根据业务发展需要，适时扩大注册范围

基于《商标法》申请在先原则，博物馆应当及时注册自己的商标。注册商标应先于品牌打造，如果博物馆在"名声在外"之后才注册商标，无异于给了他人抢注的机会。通过初步审定的商标申请，商标局会下发《商标注册申请初步审定公告通知书》并进行公告。《商标注册申请初步审定公告通知

---

[1] 黄哲京. 博物馆文创产品的知识产权保护[J]. 故宫学刊，2016（1）：201-212.
[2] 来小鹏，杨美琳. 博物馆相关知识产权法律问题研究[J]. 中国博物馆，2012（4）：63-66.

书》会列明商标公告刊登的期数和初步审定日期，同时也会列明查询网站的地址。

根据《商标法》的规定，依法注册的商标有效期自核准注册之日起计算，共计10年，有效期满，需要继续保留商标专用权的商标所有人应及时续展；未能及时续展的商标，还可以在有效期满之后的六个月宽展期内提出续展申请。宽展期满后，仍未提出续展申请的，商标局将注销该注册商标。被注销的注册商标，不再受法律保护，不再享有专用权。

同时，根据博物馆发展需要和业务变化，调整注册范围。首先，商标注册的类别应覆盖博物馆现有业务和项目范围；其次，考虑未来博物馆发展的方向和业务领域，扩大注册类别的范围，防止他人抢注，有效地保护博物馆权益。开展新的业务前，应当充分考虑注册商标是否覆盖了相关类别，在该类别上是否有近似的其他商标，是否会对博物馆商标和品牌造成不良影响或在公众中引起混淆和误认。具备开展国际交流项目的博物馆，应当在国内注册的基础上，适时开展国际注册，对博物馆业务和工作可能涉及的国家和区域优先进行注册。对于采用使用在先原则的国家，应当重视使用证据的保留和收集，便于日后商标注册和维权工作的开展。

二、重视商标监测

我国商标注册申请数量逐年递增，其中不乏大批职业抢注人为抢注商标而恶意注册的现象。因博物馆文化机构的社会形象和知名度，易被关注。博物馆馆名抢注难度较大，而博物馆代表性藏品、建筑的图像和名称容易被抢注。如果抢注的商标被社会公众广泛接受，则会对博物馆的公众形象产生不良影响。❶商标监测的主要目的在于筛选出初审公告中，与博物馆已注册商标构成近似的商标，使博物馆及时在公告期内对近似商标提出异议，阻止其注册成功。同时，商标监测也能够实现博物馆注册商标状态监测和电商平台

---

❶ 徐文艳. 博物馆馆藏文物商标抢注现象研究及解决机制［N］. 中国文物报，2016-5-13（3）.

的仿冒监测。具体而言：

第一，监测已通过商标局初审的商标。比较进入初审公告的注册商标与博物馆商标的近似程度，筛选出近似商标，帮助博物馆及时作出反应和防御，避免他人成功恶意抢注，维护博物馆商标权益。

第二，监测博物馆注册商标的法律状态。商标监测能够帮助博物馆掌握自身商标的情况，如注册商标到期或进入宽展期、申请注册的商标被驳回或部分驳回、初审公告商标被异议或被撤销等，商标监测可帮助博物馆采取及时、正确的措施来维护博物馆自身商标权利。

第三，监测电商平台内的商标侵权现象。各电商平台均有销售博物馆文创产品的店铺，除了博物馆自营店铺和授权运营的店铺外，冠以某某博物馆文创产品字样的店铺也不在少数，其中不乏仿冒者。电商平台商标监测可以监测到相应的仿冒行为，以便博物馆进行维权。

2017年起，故宫博物院对"宫""故宫""紫禁城"三个商标在中国境内进行全品类监控。商标监测中发现了大量模仿注册和恶意抢注的商标，通过商标异议程序进行打击，在一定程度上维护了故宫博物院的商标权。另外，将少数恶意注册意图明显的主体列入重点监控名单，持续监控其商标注册和使用的情况，对其不当使用行为及时发送律师函或发起工商投诉，防止其不当行为扩大化。

三、充分利用行政维权手段

由于我国商标保护实行行政和司法并行的"双轨制"，博物馆注册商标的很多维权问题，可通过行政手段获得解决。他人申请注册的不当商标可通过商标异议进行阻挡；已注册的侵权商标可通过申请无效宣告使其"自始不存在"；抢注商标而又未实际使用的，可通过"撤三"的方式进行打击。相比司法诉讼，行政维权手段有着相对便捷、快速的优势，同时避免了诉讼引起舆情的风险，具体内容将在下一节展开论述。

四、重视注册商标使用证据的收集和保留

博物馆商标使用证据包括博物馆商标最早使用证据和近三年使用证据。例如，博物馆商标在不同类别产品和服务上的使用情况证明，博物馆商标授权使用许可或合同，使用博物馆商标的文件、图片、文创产品，相关文创产品的生产证明、销售证明、广告宣传材料、媒体报道等。维权案件中，使用证据是重要的证据材料，无论是证明商标的知名度，还是证明博物馆使用商标的情况，对于争取权利、获得法律保护，都是非常重要的。

第三节 博物馆商标维权途径

如前所述，博物馆对注册商标的维权可通过行政保护和司法保护两种途径进行。行政保护途径即针对不当商标，通过向国家知识产权局提出异议、申请无效宣告和"撤三"的方式进行维权。司法保护途径则是通过法律诉讼，由法院对不当商标进行立案审查并作出判决。

一、商标异议

商标异议的对象是经过商标局初审并发布初步审定公告的商标。根据法律规定，国家知识产权局对通过初步审查的商标予以公告，公告期为三个月。商标异议即公告期内由社会公众对公告商标提出反对意见，经由国家知识产权局进行审查，并在此基础上作出是否予以注册的决定。商标异议程序设置，旨在提高社会监督对商标审查质量的保证，充分利用社会监督解决潜在的商标争议，减少商标注册成功后再被撤销的混乱秩序。[1] 由于商标异议

---

[1] 杨静安. 商标异议实务经验谈系列（上）[J]. 中华商标, 2017 (9): 68-72.

程序的存在，包括博物馆在内的全体社会公众可依法参与注册商标审查。如初审商标对博物馆商标构成不当影响，博物馆可于初步审定公告之日起3个月内向商标局提出异议。商标异议使初审商标接受全社会的监督，有助于商标权利得到公开、公正地确认。商标局会将异议申请及证据材料副本转交被异议方进行答辩，并依据双方的理由及证据就案件进行审理，被异议方是否参与答辩不影响案件审理。通常在异议申请提交后一年至一年半左右下发异议裁定。

　　博物馆进行商标异议的主要目的在于维护博物馆商标的显著性，打击近似商标或其他对博物馆商标权益构成妨碍的不当商标，防止博物馆商标被淡化，维护博物馆的商标权益。简言之，博物馆作为商标权利主体，可对他人申请注册的、涉嫌侵犯博物馆权益的商标提出异议，达到阻止其注册成功的目的。博物馆商标注册类别及具体的产品和服务通常限定了异议中获得支持的类别。例如，博物馆商标注册类别为《压分表》第41类教育和文化时，通常较难对注册类别为41类以外的他人商标提出异议。但因《商标法》对驰名商标给予扩大保护，所以在博物馆注册商标曾获得驰名认证的情况下，双方商标近似但注册类别、注册商品或服务不构成近似时，博物馆依然有可能获得支持。

　　如发生被异议人对商标局异议裁定不服申请复审，商标评审委员会将通知博物馆参加答辩。虽然博物馆不参加答辩不影响案件审理，但积极答辩除了可以提供更为全面的证据外，还体现被异议商标对于博物馆的影响程度以及博物馆对该商标问题的重视程度。商标评审委员会根据答辩材料作出复审裁定，并书面通知双方。如被异议人对商标评审委员会的裁定仍然不服，可继续向人民法院起诉。被异议人在规定期限内不再申请复审或者起诉的，裁定生效。经裁定异议成立的，被异议商标不予核准注册。经裁定异议不能成立的，被异议商标核准注册。根据异议审查程序的最新调整，如该商标经异议不能成立而被核准注册，博物馆作为异议人无法申请复审，只能在该商标生效后，通过无效宣告程序继续维权。商标异议的法律依据及主要证据将在第四节进行讨论。

二、无效宣告

注册商标无效宣告制度是指商标审查或评审部门依据单位或个人申请，或依照其职权，对违反绝对或相对事由的注册商标进行无效宣告的制度。这是《商标法》设置的使商标权消灭的一种方式，其目的在于促使经营者通过正当合法的方式获得，并有效使用商标权，否则将导致权利丧失。[1]商标权的取得与消灭是相对立的。在我国商标申请注册量飞速增长、恶意囤积商标的现象日益严重的背景下，无效宣告制度为清理掉恶意囤积的商标提供了合法而有效的途径。无效宣告维权途径，是针对侵权商标已经被核准注册，已是有效注册的商标，博物馆根据法律规定采取的一种维权方式。可以被博物馆提请无效宣告的注册商标是其在申请注册时就存在不应予注册的理由，经博物馆申请之后，由商标审查部门或商标评审部门宣告该注册商标无效，使商标权回到"自始即不存在"。[2]四川广汉三星堆博物馆、成都杜甫草堂博物馆等利用无效宣告制度，保护博物馆商标权益的实践，为全国博物馆的商标保护提供了一定的经验。

根据《商标法》第四十五条规定，对于恶意抢注博物馆商标、与博物馆注册商标混淆的商标或对博物馆注册商标产生不良影响的商标，自注册之日起五年内，博物馆可向商标评审委员会申请宣告该注册商标无效。如果对方为恶意注册且博物馆是驰名商标所有人，则不受五年时间的限制。向商标评审委员会申请宣告侵权商标无效，通常需要提交相关的证明材料，如博物馆已经依法注册的商标、博物馆商标的社会影响力和侵权商标的侵权证据等，具体内容将在第五节展开论述。

---

[1] 吕红芩. 注册商标无效宣告制度研究［D］. 上海：华东政法大学，2019.
[2] 王迁. 知识产权法教程［M］. 5版. 北京：中国人民大学出版社，2016：471–472.

三、撤销连续三年未使用的商标

商标注册应以使用为目的，在没有正当不使用理由的情况下，某注册商标达到连续三年不使用，任何单位或者个人都可以向商标局申请撤销该注册商标。博物馆在注册商标的过程中，可能发现商标在某个类别或某些商品上的注册申请被驳回，被驳回的理由是其他人申请注册在先。如果对方注册的商标已达到连续三年未使用，博物馆则可以连续三年未使用为由，向商标局申请撤销对方的注册商标。也有一些情况下，个别恶意申请人为攀附博物馆品牌的知名度，大量注册与博物馆商标构成近似的商标，如为大量注册，势必存在不实际使用的情况。打击不以使用为目的的恶意注册，"撤三"是较为有效且相对快速的途径之一。

同样，如果博物馆的注册商标达到连续三年未使用，也可能被他人以连续三年未使用为由申请撤销。所以，博物馆应当重视商标使用证据的收集和保留，如果遇到被他人以连续三年未使用为由申请撤销的情况，可以及时向商标局提交商标的使用证据，维护博物馆商标权益。

通常，博物馆商标的使用证据包括以下内容：第一，博物馆及引证商标简介，包括但不限于文字简介、宣传手册、商标含义说明等。第二，博物馆商标使用情况证明。博物馆引证商标在相关类别相关商品上最早使用情况证明；博物馆其他商标在该类别的最早使用情况证明；被异议商标申请日前三年，博物馆引证商标持续使用情况证明，包括但不限于使用了该商标的各类文化产品销售合同及发票、国内经营网络、年度营业收入及相关财务审计报告等；被异议商标申请日前三年，博物馆引证商标持续宣传推广情况证明，包括并不限于广播电台、电视台、网络或报纸、杂志等形式的宣传资料、照片、宣传合同或发票等。合同及发票涵盖多年度、多地区则更具说服力。第三，博物馆商标知名度材料。历年来外界对博物馆及引证商标的评价、行业排名，以及博物馆与该商标所获得的荣誉证明；能够证明被异议人知晓博物馆商标的证据材料；博物馆商标受保护的记录，包含但不限于类似案件行政裁定、判决书，商标侵权行政查处记录等；以及其他可以证明博物馆商标知名度的证据材料。

云某以个人名义，申请撤销故宫博物院第 6590722 号"故宫御膳房"商标在第 43 类"住所（旅馆、供膳寄宿处）"等全部核定使用服务上的注册，故宫博物院提交了于餐厅使用该商标的证据材料，国家知识产权局认定证据有效，商标予以维持。❶

龙某某申请撤销故宫博物院第 1344902 号"PALACE MUSEUM FORBIDDEN CITY 紫禁城"商标在第 41 类"文娱节目"等、❷ 第 1061760 号"紫禁城 FORBIDDEN CITY PALACE MUSEUM"商标在第 41 类"组织和安排会议"等❸ 全部核定使用服务上的注册，故宫博物院及时提交了相关的证据材料，被申请商标被认定有效，撤销理由不成立，商标不予撤销。

四、诉讼维权

被异议人对商标评审委员会的不予注册异议复审决定不服的、当事人对商标评审委员会的驳回申请复审决定、无效宣告裁定、无效宣告复审决定不服的，可向人民法院起诉。相比行政维权，法律诉讼一般审理周期较长，通常需要专业的律师团队提供法律支持，且有可能涉及较高的律师服务费用，一般仅在行政维权不能得到救济，或有其他必要启动诉讼维权的时候采用。

河北博物院国宝级文物"长信宫灯"图形被抢注，北京某图文设计有限责任公司在同类服务上在先申请了长信宫灯商标。河北博物院在第 43 类申请的长信宫灯商标被商标局驳回。由于北京某图文设计有限责任公司申请的第 5795282 号长信宫灯商标正处于公告期，河北博物院启动商标异议程

---

❶ 国家知识产权局商标撤三字〔2019〕第 Y022600 号《关于第 6590722 号第 43 类注册商标连续三年不使用撤销申请的决定》。

❷ 国家工商行政管理总局商标局商标撤三字〔2019〕第 Y003709 号《关于第 1344902 号第 41 类注册商标连续三年不使用撤销申请的决定》。

❸ 国家工商行政管理总局商标局商标撤三字〔2019〕第 Y003710 号《关于第 1061760 号第 41 类注册商标连续三年不使用撤销申请的决定》。

序，向商标局提出异议申请。商标局因证据不足，未能支持河北博物院提出的异议理由，裁定被异议商标核准注册。河北博物院不服该决定，因此向商标评审委员会提出复审申请，提出被异议商标损害了河北博物院的在先著作权，如果被异议商标被核准注册，用于商业目的，将严重影响文物的严肃性和历史价值，将会给异议人和整个社会带来极大的负面影响。复审支持了河北博物院的理由，裁定被异议商标的商标注册和使用易产生不良影响，该商标不予注册。该公司不服，向北京市第一中级人民法院提起了行政诉讼。一审中，河北博物院提交了新的证据材料，用来证明河北博物院对国宝"长信宫灯"享有保护、管理和合法使用等各项权利。这些证据包括河北博物院授权中国邮政发行"长信宫灯"邮票、其他单位借用文物协议书、合同书以及临时授权协议等。一审判决维持商标评审委员会关于"长信宫灯"图形商标的异议复审裁定。原告不服，提出上诉。"北京市高级人民法院做出终审判决：被异议商标系表现长信宫灯的图形，而长信宫灯实物是由河北博物院收藏的国家级文物，将表现国家文物的图形作为商标申请注册在咖啡馆、自助餐厅、酒吧等商业服务上，将有损文物的公益性、严肃性，易对我国涉及文化方面的社会公共利益和社会秩序产生消极、负面影响。商标评审委员会和原审法院对此认定正确，判决驳回上诉，维持原判"。❶

"台北国立故宫博物院"❷申请注册了第11090505号"NATIONAL PALAC EMUSEUM"等多件商标被驳回。因不服裁定，向商标评审委员会申请复审，复审裁定"台北国立故宫博物院"申请的"NATIONAL PALACE MUSEUM"商标易被消费者理解为"国家的故宫博物院"，易使消费者将该商标或其指定使用的服务与国家或政府相联系，造成不良的社会影响，因此

---

❶ 曹雪. 文化资源保护是文创产业的基石——记国宝"长信宫灯"商标的维权之路[J]. 中国博物馆文化产业研究，2015（00）：249-253.

❷ 2002年，中国共产党中央委员会台湾工作办公室（中央台办）、外交部、中共中央对外宣传办公室出台《关于正确使用涉台宣传用语的意见》，其中规定对台湾冠有"国立"字样的学校和机构，使用时均须去掉"国立"二字。本处"台北国立故宫博物院"为商标申请名称，为便于读者理解，保留"国立"二字。

予以驳回。[1]"台北国立故宫博物院"不服复审决定，上诉至北京知识产权法院。北京知识产权法院受理后，于 2015 年 9 月 8 日公开开庭进行审理。北京知识产权法院审理认为，诉争商标"NATIONAL PALACE MUSEUM"可译为"国立故宫博物院"，申请人"（台北）国立故宫博物院"并非在大陆地区设立的故宫博物院，使用"NATIONAL"一词，容易导致不良影响，判决驳回诉讼请求。[2]同日一并开庭审理的还有第 10974765 号"NATIONAL PALACE MUSEUM"、第 11090276 号"NATIONAL PALACE MUSEUM"商标的诉讼案件，驳回理由同上。

第四节　博物馆商标异议的法律依据及关键证据[3]

博物馆保护自身商标权益有多种途径，可根据具体情况分别通过注册博物馆商标、对侵犯博物馆商标权益的他人商标提请异议和无效宣告等路径实现。当博物馆陷入商标纷争后再进行维权，往往容易陷入被动。其中，对正处于初审公告期的不当商标提请异议是最便捷的维权手段，具有其特定的优势，通过商标异议程序，可在一定程度上阻碍不当商标注册成功，保护博物馆注册商标权益。

一、商标异议对博物馆商标权益维护的重要性

博物馆商标维权重点在于避免两种情形：第一，他人商标与博物馆商标构成近似，造成公众对产品和服务来源的混淆和误认；第二，近似商标

---

[1] 国家工商行政管理总局商标评审委员会.〔2014〕商评字《第 76536 号第 11090505 号"NATIONAL PALACE MUSEUM"驳回复审决定》.

[2] 北京知识产权法院〔2015〕京知行初字第 4442 号《北京知识产权法院行政判决书》.

[3] 王月芳. 论博物馆商标异议主要法律依据及关键证据——以"故宫红"等案为例[J]. 东南文化，2021（6）：150-156.

的使用，削弱了博物馆商标的显著性。博物馆利用商标异议，避免其他商标混淆，保持显著性，是进行博物馆商标权益保护工作的关键一环。抢注成本低、收益高，是造成抢注博物馆商标的现象层出不穷的重要原因。然而，商标注册的初步审查不能排除与博物馆商标构成近似的全部商标。每年通过国家知识产权局初审的商标中，与博物馆商标构成近似的情况并不鲜见，且呈上升趋势，这与每年申请注册商标总量的上升有一定的关系，也与在国家文化政策推动下，公众对博物馆品牌认可度的提高有一定的关系。如果博物馆未能认识到商标异议的重要性，使得他人成功注册了近似商标，不仅影响博物馆商标权益，还会对博物馆品牌形象造成不良影响。从国家商标审查制度看，商标初步审查和商标异议共同构成商标注册程序，商标异议程序是商标确权的重要步骤。商标初步审查主要排除类似商品上的近似商标，或者申请注册的商标存在法律上禁止注册的情况；在商标初审后通过异议双方举证，阐明事实、理由，提供有效证据材料，进一步审查注册商标初审阶段无法涵盖的商标知名度、商标显著性问题；其他在先权利如著作权、外观专利权、商号权等问题，非类似商品上的商标近似问题如驰名商标权益、在先使用的未注册商标问题、关系人抢注问题等。异议程序是对申请注册商标的第二次筛查，通过博物馆主动监测初审商标公告，筛查出可能影响博物馆商标权益的初审商标，再通过异议程序进行打击。

在博物馆可以采用的各类商标权益维护方式中，商标异议有特定的优势。商标异议属于非诉讼类维权，相比诉讼维权，操作便捷，耗时较短，费用较低；相比其他非诉讼维权，异议针对的是仅仅通过初审但是仍处于公示期的申请注册中的商标。如果博物馆不在异议程序阶段进行拦截，申请注册的商标一旦投入市场，很可能对博物馆商标权益产生不良影响。错过了异议期，不当商标已经注册成功，打击不当商标只能通过"无效宣告"或者"撤三"等方式。届时，国家知识产权局进行裁定时将考虑争议商标所形成的既定市场秩序，即如果争议商标在无效宣告审理时已经形成了较大的社会影响，该商标被无效宣告的可能性将非常低。已经实际使用的商标也较难通过"撤三"的方式进行打击。因此，商标异议有其特定优势，是现行法律下博

物馆最便捷的商标权益维护方式之一。

二、博物馆商标异议主要法律依据

博物馆商标异议的法律依据也称异议理由，是博物馆在向国家知识产权局提交异议申请时书面陈述的相关法律依据或理由。《商标法》对"申请在先""驰名商标保护""在先权利""不良影响""恶意抢注"等规定是博物馆商标异议的主要法律依据。其中，在博物馆商标异议的实践中普遍运用且较容易获得支持的是"申请在先""驰名商标保护"和"在先权利"三项。

1. 申请在先

我国商标注册实行申请在先原则，这一原则也是博物馆提请商标异议的主要法律依据。如果博物馆在国家知识产权局发布的《商标公告》中监测到他人在相同商品或类似商品上注册相同或近似商标，可依据《商标法》关于"申请在先"的规定予以打击。商标近似是指商标文字的字形、读音、含义或者图形的构图及颜色，或者其各要素组合后的整体结构相似，或者其立体形状、颜色组合近似，易使相关公众对商品或服务的来源产生误认或者认为其来源与博物馆注册商标的商品或服务有特定的联系。判定"申请在先"以国家知识产权局收到申请书件的日期先后为准；同一天申请注册的，不存在申请在先情形的，国家知识产权局根据"使用在先原则"作出初步审定并予以公告。

在〔2020〕商标异字第0000072809号异议案件中，异议人故宫博物院对被异议人北京某网络科技有限公司经国家知识产权局初步审定并刊登在第1635期《商标公告》的第33045332号"紫禁大婚"商标提出异议。被异议商标"紫禁大婚"指定使用于第26类"绳编工艺品；头发装饰品"等商品上。异议人引证在先注册的第6232977号"紫禁城；PALACE MUSEUM；FORBIDDEN CITY 及图"商标、第13163037号"紫禁城 THE FORBIDDEN CITY 及图"商标、第13162996号"紫禁城及图"商标核定使用于第26类"绳编工艺品；头发装饰品"等类似商品上。异议人故宫博物院提交了相关

证据可以证明"紫禁城"是异议人故宫博物院的别称，具有特殊的历史和文化价值，并且具有唯一的指向性。被异议商标"紫禁大婚"与异议人故宫博物院引证商标显著识别部分均为"紫禁"，双方商标整体含义区别不明显，易使相关消费者误认为两者系来自同一市场主体的系列商标或存在某种关联，如并存使用于类似商品上易造成消费者的混淆误认。根据双方陈述的理由及事实，国家知识产权局经审查认为"双方商标已构成使用于类似商品上的近似商标"，依据《商标法》"对异议人在先权利予以保护，被异议商标不予核准注册"。❶

〔2020〕商标异字第0000023710号案件中，被异议人上海某实业有限公司注册了第28948648号"五千年良渚"商标。良渚博物院、良渚研究院作为共同异议人向国家知识产权局提出异议。知识产权局对被异议商标和引证商标的差异、注册类别、核定使用产品以及注册先后顺序等情况进行审查，认为：异议人引证在先注册的第6417920号"良渚古城LIANGZHUGUCHENG"商标核定使用商品为第30类"馅饼；方便米饭"等。被异议商标"五千年良渚"指定使用商品为第30类"咖啡；茶"等。双方商标指定使用部分商品在功能用途等方面相近，属于类似商品。且双方商标显著部分均为"良渚"，并存使用易使相关公众误认为两者为系列商标或存在特定联系，故双方商标已构成使用于类似商品上的近似商标。结合考虑被异议人在其他多个类别上申请的"五千年良渚"曾被驳回的情况，以及"良渚"易使消费者产生误认，认为其与重要文化遗产的"良渚文化遗址"存在特定关系的情况，决定第28948648号"五千年良渚"商标不予注册。❷

湖南省博物馆在先注册有第3394672号"君幸酒"商标，绍兴某文化发展有限公司申请注册了第33541538号"君幸食"商标。湖南省博物馆对该商标提出异议。湖南省博物馆引证了在先注册的第3394672号"君幸酒"商

---

❶ 国家知识产权局〔2020〕商标异字第0000072809号《第33045332号"紫禁大婚"商标不予注册的决定》。

❷ 国家知识产权局〔2020〕商标异字第0000023710号《第28948648号"五千年良渚"商标不予注册的决定》。

标,指定使用商品为第 33 类的"葡萄酒；蜂蜜酒；米酒"等。经审查国家知识产权局认为：双方商标主体部分均为"君幸"，且视觉效果相近。被异议商标"君幸食"指定使用于第 33 类"果酒（含酒精）；葡萄酒；烈酒（饮料）"等商品上，与湖南省博物馆引证商标指定使用商品类似，已构成使用于类似商品上的近似商标，并存使用易造成消费者混淆误认，因此决定第 33541538 号"君幸食"商标不予注册。❶

2. 驰名商标保护

博物馆对注册商标依法拥有专用权。相比注册商标，非注册商标一般较难得到法律保护。但是，博物馆非注册商标如已经长期使用，并达到一定的社会影响，产生一定的知名度，可通过复审、行政诉讼等认定为驰名商标，以获得法律保护。《商标法》第十三条就驰名商标保护作出规定，商标到达"为相关公众所熟知"，并且"持有人认为其权利受到侵害"，可依法请求"驰名商标保护"。

对于是否"驰名"，其认定标准在于相关公众熟知的程度。相关公众包括该商品或服务有关的消费者、生产者、经营者以及经销渠道中所涉及的销售者和相关人员等。相关人员清楚地知道该商标及其所使用的商品或服务的来源即"为相关公众所熟知"。博物馆的相关公众包括参观观众、文化活动参与者、博物馆职工、博物馆志愿者、博物馆文化产品消费者、为博物馆提供配套服务的各类人员、博物馆合作方等。博物馆的相关公众清楚地知道某个商标属于博物馆，该商标使用的商品和服务来源于博物馆，即到达法律规定的"为相关公众所熟知"。

博物馆驰名商标按照受保护的情况分为注册驰名商标和非注册驰名商标两种。博物馆已注册驰名商标，可依法获得扩大保护。扩大保护指在申请注册的商品不相同或不相类似的情况下也可能获得保护，即申请商标一旦构成对博物馆"已注册驰名商标复制或仿制"，且"容易误导公众"，致使博物馆作为驰名商标的所有人"利益可能受到损害"时，便可依据驰名商标保护

---

❶ 国家知识产权局〔2020〕商标异字第 0000101406 号《第 33541538 号"君幸食"商标不予注册的决定》。

条款作为理由提出异议。如博物馆的驰名商标为非注册驰名商标，须符合申请商标申请注册的商品与博物馆未注册驰名商标的相同或类似，并且在申请商标构成对博物馆"未注册驰名商标复制或仿制"，与博物馆未注册驰名商标"相同或者近似"的情况下才可获得保护。

依据"驰名商标保护"提请异议，审查的标准是后注册的商标是否复制、模仿博物馆的驰名商标，并在实际使用中是否足以误导消费者，使消费者误以为使用了该商标的商品或服务与作为驰名商标所有人的博物馆有一定的联系，从而损害该博物馆利益。以国家知识产权局〔2019〕商标异字第0000024230号案件为例，异议人故宫博物院对被异议人北京某文化发展有限公司申请注册的第17968140号"流动的紫禁城THE MOVING FORBIDDEN CITY"商标提出异议。被异议商标"流动的紫禁城THE MOVING FORBIDDEN CITY"指定使用于第25类"婴儿全套衣；游泳衣"等商品上。故宫博物院引证在先注册的第6232976号"紫禁城PALACE MUSEUM FORBIDDEN CITY及图"商标核定使用于第25类"帽子；袜"等商品上。国家知识产权局认为，案件中被异议商标"流动的紫禁城THE MOVING FORBIDDEN CITY"完整包含异议人引证商标主要认读文字"紫禁城"及"FORBIDDEN CITY"且未形成明显区别于引证商标的含义，构成近似标识。异议人故宫博物院注册并使用于"组织和安排文化教育展览""艺术品鉴定"及"观光旅游"服务上的"紫禁城PALACE MUSEUM FORBIDDEN及图"经长期宣传使用具有较高知名度，并曾被国家知识产权局认定为驰名商标，被异议人对异议人驰名商标理应知晓。因此，认定"被异议商标已构成对异议人驰名商标的抄袭和复制"，并行使用"易误导公众"并致使异议人故宫博物院的"相关利益可能受到损害"，因此决定该商标不予注册。❶

3. 在先权利

根据《商标法》第三十二条规定，任何人申请注册商标不得损害他人在先权利。在先权利指的是任何申请注册的商标不得与他人已经获得的著

---

❶ 国家知识产权局〔2019〕商标异字第0000024230号《第17968140号"流动的紫禁城THE MOVING FORBIDDEN CITY"商标不予注册的决定》。

作权、外观设计专利权、名称权、商品包装或者装潢使用权等相冲突。如果他人申请的商标，与博物馆已经存在的著作权、外观设计专利权、博物馆名称权、博物馆商品包装或者装潢使用权等产生冲突，则对方应合理避让。在〔2019〕商标异字第0000028175号案件中，异议人故宫博物院院徽"宫"标识于2005年7月18日创作完成，并于同日在中国首次发表，异议人故宫博物院对该作品享有在先著作权，后经注册成为注册商标。被异议商标与该美术作品在构图要素、设计风格、整体视觉效果等方面相似，为实质性近似，且异议人"宫"商标经过广泛的使用与宣传，已在中国市场为相关公众知晓，被异议人有接触到该作品的可能。在申请异议的证据材料中，异议人故宫博物院提供了"宫"商标即故宫博物院院徽的设计确认函、委托创作合同、故宫博物院院徽标识诞生并启用的报告和相关媒体报道等证据，上述证据材料皆可以证明故宫博物院的在先著作权。同时，被异议人未提交证据证明被异议商标为其独立创作。因此，国家知识产权局作出裁定，认为"被异议人申请注册被异议商标已构成对异议人在先著作权的侵犯"，被异议商标不予注册。❶

4. 恶意抢注

《商标法》第三十二条同时规定，任何人不得以不正当手段抢注他人已经使用并有一定影响的商标。如果博物馆商标未注册，但已经使用，并在社会上产生一定的影响，即使未能构成驰名或者知名，他人也不得抢注。

商评字〔2013〕第140783号中关于第4573764号商标异议复审裁定可以看出，未注册商标获得保护的两点要素：第一，未注册商标使用在先；第二，未注册商标应处于持续使用状态。❷ 如果博物馆在未注册商标的使用上未能持续，中断期间由其他机构、单位或个人注册或持续使用了该商标，则

---

❶ 国家知识产权局〔2019〕商标异字第0000028175号《第22185382号"宫及图"商标不予注册的决定》。

❷ 吴斌. 中断使用的在先商标能否认定为"在先使用并有一定影响的商标"？——评析北京中怡康经济咨询有限责任公司诉国家工商总局商标评审委员会等商标异议复审行政纠纷案[J]. 中华商标, 2016（11）：47-50.

无法获得有效保护。因此,《商标法》中规定的"在先使用并有一定影响的商标",其中"在先使用"是指在先并持续使用,"使用"应为实际使用,并在商品中能够起到区别商品来源的功能。

判断商标具有一定的影响,应综合商标使用的持续时间、使用范围、宣传时间、宣传程度、在相关消费者中达到的影响进行判断。在先使用和达到一定影响是未注册商标的保护基础同时具备才可获得有效的司法保护。在注册商标到期未续展的情况下,如果该商标持续使用,商标的影响力随着商标的继续使用而得到延续,则同样适用上述标准。持续使用既包括博物馆自身使用,也包括自己未使用而依法许可他人使用。此种情况下,如他人注册博物馆的未续展商标,博物馆亦可依此提出异议。

5. 恶意注册

恶意注册与恶意抢注的区别在于,恶意注册中涉嫌侵犯博物馆商标权益的主体属于未经博物馆授权的代理人、代表人和其他关系人。上述人员注册与博物馆商标相同或近似商标的,博物馆提出异议且有证据能够证明的,国家知识产权局将不予核准。关系人包括与博物馆有合同关系、业务往来或者其他关系,明知博物馆商标存在的任何个人、企业或者机构。例如博物馆职工、拟与博物馆进行合作或者已经达成合作的个人、企业或机构等,均属于博物馆关系人。

6. 不良影响

就《商标法》中"不良影响"条款设立的目的而言,主要解决商标标识对文化、政治、宗教、民族等涉及公共利益问题产生的不利影响。如果核准某商标可能损害公共利益,便属于"不良影响"。[1] 国家知识产权局对此理由进行审查时,也会着重考虑被异议商标是否存在影响整个社会公共利益的问题。

以第 29694872 号"良渚印象"商标异议案件为例,良渚博物院和良渚研究院作为异议人,对江西某酒业有限公司申请注册的第 29694872 号"良渚印象"商标提出异议。国家知识产权局审理后,一方面认定双方商标构成

---

[1] 中国法制出版社. 中华人民共和国知识产权法律法规全书[M]. 北京:中国法制出版社, 2019:290.

近似，被异议商标指定使用商品和引证商标核定使用商品的功能、用途等方面相同或相近，属于相同或类似商品，被异议商标注册使用于上述相同或类似商品上易造成相关公众混淆；另一方面，认为良渚文化遗址是全国重点文物保护单位，2019年已申报世界文化遗产。被异议人是非文物保护相关单位，申请注册被异议商标"良渚印象"易使消费者将其与良渚文化遗址相联系，对公共秩序公共利益造成损害，易在社会上产生不良影响。因此国家知识产权局支持良渚博物院和良渚研究院的主张，决定对江西某酒业有限公司申请注册的第29694872号"良渚印象"商标不予注册。❶

四川某酒业股份有限公司于第33类上申请的第21062893号"故宫红"商标，国家知识产权局最终依据不良影响条款予以认定。被异议人早于故宫博物院在第33类酒类商品上注册商标，但在案证据表明，该公司申请大量"故宫太和殿""故宫养心殿""故宫文华殿"等"故宫＋知名宫殿名称"结构商标，国家知识产权局综合考虑客观上可能导致消费者误认，进而产生不良影响，裁定商标不予注册。❷该公司因不服裁定申请复审，复审结果支持了原异议裁定。❸

在第26367617号"故宫荟"商标异议案件中，异议人故宫博物院对被异议人四川某酒业股份有限公司第26367617号"故宫荟"商标提出异议。故宫博物院作为异议人提交的异议材料证明，北京故宫作为明清两朝皇宫，在1961年3月被列为全国重点文物保护单位，于1987年12月被联合国教科文组织作为文化遗产列入《世界遗产名录》，在全国和世界范围内都享有较高知名度。故宫博物院作为北京故宫的直接管理和保护单位和综合性国家级博物馆，多年来为国内外游客及各国首脑、贵宾提供宫廷文物展示、文物收藏、文物和古建筑研究与修复、旅游资源开发等服务，"故宫"一词已在

---

❶ 国家知识产权局〔2020〕商标异字第0000022596号《第29694872号"良渚印象"商标不予注册的决定》。

❷ 国家知识产权局〔2019〕商标异字第0000016474号《第21062893号"故宫红"商标不予注册的决定》。

❸ 国家知识产权局商评字〔2020〕第0000083212号《关于第21062893号"故宫红"商标不予注册复审决定书》。

公众心目中与异议人形成了较为稳定的对应关系。被异议人答辩材料中称被异议商标为第300340号"故宫及图"商标的延续注册,理由是被异议人在酒类商品上曾经获准注册第300340号"故宫及图"商标,被异议商标"故宫荟"指定使用于第33类的"果酒(含酒精);葡萄酒"等商品上,是对前注册商标的延续。国家知识产权局经审查认为,被异议商标在文字构成、图文组合方式等方面均与其有明显改变,不能视为前述商标的延伸申请。同时,除本案被异议商标外,被异议人后续还申请了与故宫博物院内的宫殿名称相同的商标,被异议人申请注册上述系列商标明显具有使相关公众将其产品与作为国家级博物馆的异议人产生关联的主观目的,并且在客观上确易造成公众对商品来源产生误认,因此被异议商标由被异议人申请注册并使用会引发不良的社会影响。依据"不良影响"等条款,被异议商标不予注册。❶

前文所提河北博物院"长信宫灯"被抢注的案件,虽然异议程序未能获得支持,但异议复审依据"不良影响条款"予以认定。北京某图文设计有限责任公司在同类服务上在先申请了"长信宫灯"商标,河北博物院在第43类申请的"长信宫灯"商标被国家商标局驳回。由于北京某图文设计有限责任公司申请的第5795282号"长信宫灯"商标正处于公告期,河北博物院启动商标异议程序,向国家工商管理总局商标局(现国家知识产权局)提出异议申请。因所提证据不足,商标局未能支持河北博物院提出的异议理由,裁定被异议商标核准注册。河北博物院不服,申请复审,提出被异议商标损害了河北博物院的在先著作权,如果被异议商标被核准注册,用于商业目的,将严重影响文物的严肃性和历史价值,将会给整个社会带来负面影响。复审支持河北博物院的理由,裁定被异议商标的商标注册和使用易产生不良影响,该商标不予注册。北京某图文设计有限责任公司因不服提起民事诉讼,后经法院诉讼程序一审和终审,最终也被认定不良影响的存在,维持异议复审的结果。❷

---

❶ 国家知识产权局〔2020〕商标异字第0000000370号《第26367617号"故宫荟"商标不予注册的决定》。

❷ 曹雪. 文化资源保护是文创产业的基石——记国宝"长信宫灯"商标的维权之路[J]. 中国博物馆文化产业研究, 2015(00): 249-253.

三、博物馆商标异议关键证据

博物馆提请商标异议的法律依据和证据是逐一对应的关系，应根据提请异议时的法律依据梳理和提交关键证据，也应根据博物馆能够掌握的证据调整异议的依据，使法律依据和证据形成逻辑上较为严谨的证明关系。以相对理由提请异议时，主体资格证明是首要证据。一般情况下，博物馆注册商标情况、博物馆商标知名度情况、对方是否存在恶意抢注的情形、是否造成不良影响等是最为关键的证据。

异议案件提交的证据主要包括：第一，博物馆及引证商标简介，包括但不限于文字简介、宣传手册、商标含义说明等；博物馆引证商标在相关商品及服务上最早使用情况证明。第二，被异议商标申请日前三年，博物馆引证商标持续使用情况证明，如使用该引证商标的产品或服务的销售合同及发票、相关国内经营网络、营业收入及财务审计报告等。合同及发票等能证明多省市地区销售了使用引证商标的产品或服务为宜。第三，被异议商标申请日前三年，博物馆引证商标持续宣传推广情况证明，包括但不限于广播电台、电视台、互联网、报纸、杂志等多种媒体形式的广告宣传合同及发票、宣传照片等。合同及发票等能证明引证商标在多省市地区的宣传推广情况为宜。第四，社会各界或上级主管部门对博物馆及引证商标的评价、行业排名以及博物馆与该商标所获得的荣誉证明。第五，博物馆是否与被异议人存在或曾经存在代理关系、合作关系的证明或其他能够证明被异议人知晓博物馆引证商标的证据材料。第六，博物馆引证商标受保护的记录，包含但不限于类似案件行政裁定、判决书、商标侵权行政查处记录等。

通过对上述案件提交的证据及异议审定结果进行梳理和分析，另综合其他有关商标异议案件的情况，可归纳出一般情况下博物馆提请商标异议时的关键证据。这些证据主要集中在如下四个方面。

1. 异议人主体资格证明

《商标法》根据商标异议的相对理由和绝对理由，对异议人主体资格进行明确的限制。博物馆以相对理由提出商标异议时，如与在先商标相同或近似、驰名商标保护、在先申请、损害除商标权以外的其他在先权利、抢注在先使用并有一定影响的未注册商标等，博物馆必须首先证明自己属于"在先权利人"或者"利害关系人"，具有提起异议的主体资格。[1]证明博物馆属于"在先权利人"或者"利害关系人"的证据包括：博物馆相关商标注册情况，如注册证和初审公告；博物馆被认定为驰名商标的案件记录；博物馆其他在先权利证明，如相关著作权证明、外观设计专利证书等。

2. 博物馆商标知名度证明

商标使用的情况，如商标使用的产品、包装、说明书、标签、网页、宣传页；商标使用在产品交易文件中的情况，如商标使用的销售合同、发票、报关单等；商标使用在广告宣传中的情况，如广告合同、发票、广告实际发布情况的复印件或者照片等；商标使用产品的产销量、销售额、利润及纳税等经济数据情况，如审计报告、纳税证明等；商标或使用产品所获得的权威荣誉或者获奖称号；商标获得其他案件保护的记录，如驰名商标认定的记录或者其他被侵权胜诉判决，以及新闻媒体等对商标使用情况的报道，领导视察、知名国际友人参观博物馆的相关照片文件；博物馆赞助各类赛事、公益活动、捐赠证书等；其他可以证明博物馆商标知名度的证据。其中，商标或产品所获得的权威荣誉或获奖称号、媒体对商标使用情况的报道、驰名商标认定的记录等是重要的证据。

3. 对方恶意抢注的证明

证明对方为恶意抢注，则应提供博物馆对商标实际使用并达到一定影响的证据材料和证明对方为恶意的证据资料。达到一定影响的证据包括各媒体对商标的相关报道、广告宣传、行业排名、获奖证明、中国知网等数据库检索的记录等。对于其他人以不当手段抢注博物馆商标，主要评估标准在于对方是否具有恶意，即他人对博物馆商标是否明知或应知，主要依靠明确告知、业务往来等证据进行推定。博物馆应在举证过程中尽量提供相关证明材

---

[1] 中国法制出版社. 中华人民共和国知识产权法律法规全书［M］. 北京：中国法制出版社，2019：291.

料，包括邮件、短信、彩信、微信记录等。

4. 被异议商标注册可能造成不良影响的证明

如前所述，关于不良影响是否存在，主要衡量被异议商标被核准注册是否足以混淆庞大的消费者群体，足以形成对国家经济、文化秩序的不良影响。当某一商标注册影响的群体足够大，以至于上升为公共利益问题时，才到达"不良影响"条款的适用要件。商标实质上是进入市场流通的标志，市场是无边界的，因此博物馆商标涉及的不仅是博物馆这一特定民事主体，还包括行业、广大消费者利益在内的社会公共利益问题。难点在于，对博物馆而言，如何举证证明被异议商标妨碍了社会公共利益。在实践中，被异议方大批量模仿、抢注博物馆商标，从而可能导致公众对商品来源产生误认，进而产生不良影响，损害正常商标管理秩序的证据往往能够得到较好地支持，如北京某中医门诊部、四川某酒业股份有限公司大量模仿抢注"紫禁城""故宫"商标，恶意较为明显，容易导致公众的误认，因此能够证明不良影响的存在。

商标异议中提交的证据并非越多越好，证据整理中应注意分清楚主要证据和辅助证据，以帮助审查人员快速获得关键信息。证据的收集和整理应根据异议时的法律依据而确定主次，最主要的法律依据对应的证据应尽可能完整齐备，并注意证据之间的逻辑关系，以形成完整的证据链。博物馆宜将适合多数案件的常规证据收集整理，使其模板化，再根据个案有针对性地增减。

明确博物馆商标异议的目标、重要性、法律依据和主要证据具有理论和实践的双重意义。在文旅融合背景下，博物馆参与经济活动更加频繁，商标权益维护的重要性日益凸显，运用好商标异议这一维权手段，能够促进博物馆的维权实践，打击不当商标注册，维护博物馆商标权，同时对构建、完善博物馆学理论体系也具有一定的积极意义。博物馆进行商标异议的主要目的在于维护博物馆商标的显著性，打击近似商标或其他对博物馆商标权构成妨碍的商标。相比商标无效宣告方式等其他维权方式，商标异议有特定的优势。《商标法》对"申请在先""驰名商标保护""在先权利""恶意抢注""不良影响"等规定是博物馆商标异议的主要法律依据。博物馆作为异议人主体资格证明、博物馆商标知名度的证明、对方恶意抢注和被异议商标注册可能造成不良影响的证明等材料是博物馆商标异议的关键证据。

第五节　无效宣告与"与其他不正当手段获得注册"条款的应用

随着全国商标申请注册总量的攀升，恶意注册商标行为现象愈发普遍，严重扰乱市场秩序。知名博物馆商标被抢注，或他人恶意注册与博物馆商标构成近似商标的现象频繁，严重影响博物馆商标权益。例如，张某某以个人名义申请注册或通过转让获得20余件"三星堆"商标，并通过网络平台进行公开售卖和转让，四川广汉三星堆博物馆依法向国家知识产权局提请无效宣告。四川某创意文化有限公司注册了多件"杜甫草堂""杜甫草堂DUFUCAOTANG""碧峰峡""平乐古镇""龚滩古镇""怀远古镇"商标等与四川、云南地区博物馆、传统文化古镇名称相同或与地方知名特色文化密切关联的商标，成都杜甫草堂博物馆为维护自身商标权益，就多件"杜甫草堂""杜甫草堂DUFUCAOTANG"商标向国家知识产权局提请无效宣告。四川广汉三星堆博物馆、成都杜甫草堂博物馆等博物馆利用无效宣告的方式，依据"以其他不正当手段获得注册"条款，打击不当商标，维护了博物馆的商标权。

一、注册商标无效宣告制度

注册商标无效宣告制度是指商标审查或评审部门或依据单位或个人申请，或依照其职权，对违反绝对或相对事由的注册商标无效宣告的制度，是《商标法》设置的使商标权消灭的一种方式，其目的在于促使经营者通过正

当合法的方式获得，并有效使用商标权，否则将导致权利丧失。❶可以被博物馆提请无效宣告的注册商标是其在申请注册时就存在不应予注册的情形，经博物馆申请之后，由商标审查部门或商标评审部门宣告该注册商标无效，使商标权回到"自始即不存在"。❷

商标权的取得与消灭是相对立的。在我国商标申请注册量飞速增长，恶意囤积商标现象日益严重的背景下，无效宣告制度为清除恶意囤积的商标提供合法而有效的途径。

博物馆采用无效宣告作为维权手段，可用于应对以下情况：第一，博物馆基于商标初审公告监测，发现某件商标与博物馆商标构成近似，提起异议未成功，且该商标也未被其他主体异议掉，该商标注册成功，博物馆可通过无效宣告的方式进一步予以打击。第二，某商标在初审公告期内未被博物馆监测到，核准注册后，博物馆发现该商标有损博物馆权益，可申请无效宣告。第三，博物馆就某件商标申请注册商标过程中，发现相同或类似商品（服务）上已存在他人的注册商标，选择提起无效宣告以排除注册障碍。此种情形下提起无效宣告申请，一般需要拥有在先权利，以证明对方注册商标侵犯博物馆权利。例如，对方商标存在对博物馆著作权的抄袭等。第四，博物馆针对他人已注册的与博物馆注册商标构成近似的商标进行清理，提起无效宣告申请，以保护博物馆商标显著性。这是博物馆知识产权管理发展到一定阶段的做法，即博物馆品牌成长后，对商标注册领域的历史遗漏问题进行清理。第五，他人以某注册商标为基础实施侵权行为时，可以针对该注册商标提起无效宣告，进而破坏掉对方侵权的基础，从根本上解决侵权问题。

二、注册商标无效宣告的理由

《商标法》第四十四条和第四十五条规定无效宣告的绝对理由和相对理由。《商标法》第四十四条即无效宣告的绝对理由，其适用的对象是所有人，

---

❶ 吕红岑. 注册商标无效宣告制度研究 [D]. 上海：华东政法大学，2019.
❷ 王迁. 知识产权法教程 [M]. 5版. 北京：中国人民大学出版社，2016：471-472.

主要指注册商标违反商标注册的绝对条件：不符合商标构成要素，不得作为商标使用；缺乏显著性或者本身具有功能性，不得作为商标注册；注册手段不正当或损害社会公众利益，不得作为商标注册。❶因此，该条款规定的是那些本来"不得"注册而获得商标专用权的情形，包括博物馆在内的任何人可就违反该条规定的注册商标提出无效宣告的请求。《商标法》第四十五条规定违反商标注册的相对理由，其适用对象仅限于利害关系人，主要指商标注册损害了他人在先权利或在先权益。❷当他人的注册商标损害了博物馆的在先权利，如与博物馆在先注册商标构成近似，或侵犯了博物馆在先著作权、专利权等其他权利，博物馆方可就该商标提请无效宣告。

相比较而言，绝对理由体现的是公权属性，规制的是本不应该被任何人注册为商标的情形，维护的是社会公共利益，目的是纠错，任何人都有资格申请，商标行政管理机关可主动启动程序，提起无效宣告申请没有时效限制；而相对理由体现的是私权属性，规制的是注册商标对他人在先权利或权益构成侵害的情形，维护的是个人利益，提起申请的人只能是权利人或利害关系人，商标行政管理机关不得主动启动程序，申请时效限制为商标注册之日起五年内，但恶意抢注驰名商标的情形除外。❸

三、"以其他不正当手段获得注册"条款的法律依据

"以其他不正当手段获得注册"是无效宣告的绝对理由之一。《商标法》第四十四条第一款规定："已经注册的商标……或者其他不正当手段取得注册的，由商标局撤销该注册商标；其他单位或者个人可以请求商标评审委员会宣告该注册商标无效。"2019年公布的《北京市高级人民法院关于商标确权授权行政案件的审理指南》明确指出"其他不正当手段"是"以欺骗手段以外的其他方式扰乱商标注册秩序、损害公共利益、不正当占用公共资源或

---

❶ 陈锦川. 商标授权确权的司法审查[M]. 北京：中国法制出版社，2014：5-6.
❷ 同❶：7.
❸ 李雷，梁平. 论我国商标授权确权程序的优化[J]. 知识产权，2017（7）：74-80.

者谋取不正当利益,以使诉争商标获准注册的行为,包括诉争商标申请人采取大批量、规模性抢注他人具有一定知名度的商标等手段的行为"。

概括而言,商标注册行为本身的不正当性包括两个情形:"以囤积商标为典型代表的扰乱商标注册秩序、不正当占用公共资源等情形"和"基于对他人权利的知晓状态而意图作为商标据为己有的各种情形"。❶这其中既包括对公共利益的"不正当"占用,也包括对个人利益的"不正当"占有。"其他不正当手段获得注册"规制的是对公共利益的"不正当"占用。《商标审查及审理标准》列举了三种典型"其他不正当手段"行为❷:(1)申请注册多件商标,且与他人具有较强显著性的商标构成相同或者近似的;(2)申请注册多件商标,且与他人字号、企业名称、社会组织及其他机构名称、知名商品的特有名称、包装、装潢等构成相同或者近似的;(3)申请注册大量商标,且明显缺乏真实使用意图的。大量注册而不使用的商标囤积行为或以炒卖牟利为目的的商标注册行为,即典型的以"其他不正当手段"取得注册的行为。❸上述情形在2019年公布的《北京市高级人民法院关于商标确权授权行政案件的审理指南》第17.3条"其他不正当手段"具体情形的认定中也被予以明确。

四、"以其他不正当手段获得注册"条款在博物馆商标保护领域的应用

"以其他不正当手段获得注册"能否作为依据,重点并不在于争议商标对于某个博物馆某件具体商标权益的侵犯,而是在于争议商标对多个主体相关权益的侵犯、对公共利益和公共秩序的负面影响,其较为典型地体现在"杜甫草堂"和"三星堆"商标无效宣告案中。

---

❶❷❸ 黄涛. "以不正当手段取得注册"的理解与适用——评"鹅厂出品"无效宣告请求行政纠纷案[J]. 中华商标,2020(9):33-38.

（一）第 25186449 号"三星堆"商标无效宣告案[1]

四川广汉三星堆博物馆于 2019 年 07 月 23 日对张某某申请注册的第 25186449 号"三星堆"商标提出无效宣告请求。四川广汉三星堆博物馆申请无效宣告的主要理由：第一，申请人系广汉市人民政府设立的国家事业单位，是我国一座大型现代化的专题性遗址博物馆，属全国重点文物保护单位；第二，争议商标与申请人在先注册第 8214516、8214642 号"三星堆及图"商标构成使用在类似服务上的近似商标，易使消费者混淆、误认；第三，争议商标的注册损害了申请人的在先商号权；第四，被申请人与争议商标的代理机构的法定代表人曾某某为夫妻关系，争议商标的代理机构明知被申请人恶意抢注他人商标而未尽告知义务，被申请人大量抢注他人知名商标，非以使用为目的，其行为属于以其他不正当手段获得注册，扰乱了商标注册管理秩序。曾某某与申请人同处德阳市，在明知申请人商标情况下恶意注册争议商标，违反了诚实信用原则，易使相关公众产生误认，造成不良影响。综上，依据《商标法》规定，请求宣告争议商标无效。

国家知识产权局认为，争议商标指定使用在教育、出借书籍的图书馆、书籍出版、摄影、动物训练等服务上与引证商标分别指定使用的广告、组织商业或广告交易会、替他人推销、组织教育或娱乐竞赛、公共游乐场等服务的内容和目的不同，未构成类似服务。若二者同时使用在各自指定服务上尚不至于引起消费者混淆、误认，未构成使用在类似服务上的近似商标。在案证据材料尚不足以证明，在争议商标注册申请前，申请人已将其商号使用在争议商标指定的服务上并产生一定的影响。因此，国家知识产权局对于争议商标与引证商标并存容易引起混淆和损害申请人商号的无效宣告理由未予支持。关于是否构成"以不正当手段获得注册"的情形，国家知识产权局认为：被申请人除争议商标外，通过其配偶曾某某投资设立的商标代理机构在多个类别的商品或服务上大量抢先申请注册了其他不同主体的知名商标或近似商标 100 余件，已超出一般市场主体实际使用商标的合理需要。被申请人

---

[1] 国家知识产权局商评字〔2020〕第 0000164209 号《关于第 25186449 号"三星堆"商标无效宣告请求裁定书》。

张某某委托其配偶曾某某担任法定代表人的成都市某某商标事务所、德阳市某某商标事务所大量抢先申请注册囤积与其他主体商标相同或近似的商标，并通过麦汇网、中华商标超市等商标售卖网络平台将其获准注册的商标进行公开售卖和转让，且被申请人在本案答辩中并未对此作出合理解释，其提交的商标使用图片证据系属自制材料，亦不属于本案争议商标核定使用的服务，并非因其提供服务和市场经营的合理需要，缺乏真实使用意图。被申请人与成都市某某商标事务所及德阳市某某商标事务所法定代表人曾某某存在串通合谋抢先申请注册其他主体知名商标并进行公开售卖、转让的情形，以此谋利意图明显，该行为不具备注册商标应有的正当性，属于不正当占用公共资源，具有明显主观恶意，有违诚实信用原则，扰乱了正常的商标注册秩序，故争议商标的注册已构成"其他不正当手段获得注册"的情形。因此，国家知识产权局裁定"争议商标予以无效宣告"。

该案中，被申请人大规模抢注他人商业标识且无真实使用意图，谋利意图明显，不当占用公共资源，对商标注册秩序造成严重损害，反社会性强，已经不仅局限于对某一个博物馆权利的侵犯，对其不当注册行为的规制也应超越单一法律主体私权的范畴，而应上升至国家利益和公众利益范畴进行考量。"其他不正当手段获得注册"条款的设立，目的正是在于规制那些属于"欺骗手段以外的扰乱商标注册秩序、损害公共利益、不当占用公共资源或者以其他方式谋取不正当利益的手段"。[1] 被申请人并非出于正常生产经营活动的需要，其大量囤积商标而无正当理由，从中谋取不正当利益，属于"不正当手段"。法律上将"没有真实使用目的，大量抢注他人在先有一定知名度的商标"的行为界定为扰乱商标注册秩序，从而适用《商标法》第四十四条规定的"不正当手段"予以规制。被申请人申请注册了大量商标用于转让获利，其行为严重违反了《商标法》的立法精神，不仅导致相关消费者对商品来源的混淆误认，还会严重扰乱正常商标管理秩序。

---

[1] 陈锦川. 商标授权确权的司法审查［M］. 北京：中国法制出版社，2014：63.

（二）第 10967657 号"杜甫草堂"商标无效宣告案[1]

争议商标第 10967657 号"杜甫草堂"由四川某创意文化有限公司于 2012 年 5 月 24 日提出注册申请，2014 年 3 月 14 日被核准，核定使用在第 21 类保温瓶商品上。2017 年 1 月 6 日，经核准转让至慈溪市某某塑料制品厂。成都杜甫草堂博物馆于 2018 年 11 月 1 日对慈溪市某某塑料制品厂的第 10967657 号"杜甫草堂"商标提出无效宣告请求。

成都杜甫草堂博物馆申请无效宣告的主要理由：第一，申请人是为纪念中国最伟大的诗人杜甫流寓成都的居所而成立的专门的文化旅游纪念馆。经过数十年的使用，申请人已与"杜甫草堂"形成紧密的对应关系，且为相关公众所熟知和认可。"杜甫草堂"具有特殊的历史背景，在中国文化及对外交流中具有重要的文化及政治意义。争议商标与"杜甫草堂"完全相同，其注册易对我国相关文化及政治造成不良影响。第二，争议商标的注册损害了申请人对"杜甫草堂"享有的商品化权益。第三，争议商标与申请人第 10890044 号"杜甫草堂"商标构成类似商品上的近似商标。第四，申请人字号具有极高知名度。争议商标的注册侵犯了申请人的商号权。第五，争议商标的注册系被申请人以不正当手段抢注他人已经使用并有一定影响的商标，其行为违反了诚实信用原则。被申请人大范围地申请"杜甫草堂"商标，超出了正常的生产经营需求。请求依据《商标法》相关规定，宣告争议商标无效。

根据审理查明的事实，国家知识产权局认为：争议商标与引证商标均为"杜甫草堂"文字，构成近似商标。但争议商标指定使用的商品与引证商标核准使用的商品未构成相同或类似商品，二者在市场上共存一般应不易引起相关消费者混淆、误认，故争议商标与引证商标未构成使用在相同或类似商品上的近似商标。申请人提交的在案证据不足以证明在争议商标申请注册前，"杜甫草堂"作为其商号在争议商标指定使用的保温瓶等相同或类似商品所属行业进行了商业使用，并为相关公众所知晓。故尚不足以认定争议

---

[1] 国家知识产权局商评字〔2019〕第 0000283579 号《关于第 10967657 号"杜甫草堂"商标无效宣告请求裁定书》。

商标的注册使用易导致相关公众产生混淆，从而使申请人利益可能受到损害。申请人提交的在案证据不足以证明其在与争议商标指定使用的保温瓶或与之相类似商品上在先使用与争议商标相同或相近似的商标并已具有一定影响。"杜甫草堂"为唐代诗人杜甫流寓成都时的故居，杜甫草堂博物馆是全国重点文物保护单位、国家一级博物馆。争议商标与"杜甫草堂"文字完全相同难谓巧合。除争议商标外，争议商标转让人即申请注册人四川某创意文化有限公司在第5、6、7、9、10、11、14、15、16、33、34、35、36、38、39等多个类别的商品及服务上还申请注册了近300件商标，其中包括多件"杜甫草堂"商标及"黄龙溪""碧峰峡""洛带古镇""平乐古镇""西来古镇""怀远古镇""泸沽湖摩梭文化节"等与四川、云南地区知名风景区、传统文化古镇名称相同的商标以及与地方知名特色文化密切关联的商标。争议商标转让人四川某创意文化有限公司的上述行为"已明显超出正常的生产经营需要，具有明显的复制、摹仿知名风景区、文化古镇名称等的恶意，其行为将导致相关消费者对商品来源产生误认，扰乱正常的商标注册管理秩序，并损害公平竞争的市场秩序"[1]，争议商标注册已构成《商标法》规定的"以其他不正当手段取得注册"的情形。该不当注册的性质不因争议商标转让而发生改变。因此，裁定争议商标予以无效宣告。

该案件充分体现了"以其他不正当手段取得注册"的绝对禁止属性，即在对"以其他不正当手段取得注册"情形进行认定时，以争议商标注册人在申请注册时的情况为限，不考量后续受让人的情况，争议商标不因受让人取得的善意而覆盖申请注册时对社会公共利益和公共秩序的损害。争议商标申请人申请的近300件商标，"复制""模仿"的恶意明显，易导致相关消费者对商品或服务来源的误认，既妨碍社会公共利益，又干扰商标注册管理秩序和公平竞争的市场秩序，有损于公共秩序。该商标产生于原申请人的恶意，具有不当注册的性质，受让人虽经合法途径购买，但善意取得不能改变争议商标的不当注册性质，类似的情形中，受让人往往在答辩中体现自己系善意

---

[1] 国家知识产权局商评字〔2019〕第0000283579号《关于第10967657号"杜甫草堂"商标无效宣告请求裁定书》。

受让，且有真实使用或者有真实使用意图的。实践中也有人提出不同意见，认为此种情况下宣告争议商标无效并不能达到对商标申请注册人的损害公共利益或者公共秩序行为予以惩处的目的，但是如果不对此进行处理，相当于"激励"商标申请注册人继续转让自己申请注册的商标，等同于促进囤积交易的行为。

以上两个博物馆提请无效宣告的案例获得支持的理由皆属于《商标法》第四十四条规定的"以其他不正当手段取得注册"。以上案例具备以下的情形：被申请人大量抢先申请注册其他不同主体的知名商标、近似商标或知名风景区、文化古镇名称，具有复制和模仿的恶意，超出一般市场主体实际使用商标的合理需要；易导致相关消费者对商品和服务来源的误认，扰乱正常的商标注册管理秩序，有损公平竞争的市场秩序；存在商标转让行为，体现其商标注册并非出于实际使用的目的，不属于正当的注册行为，恶意明显。另外，如被申请人申请注册多件与博物馆知名商品的名称、包装、装潢等商业标识相同或者近似的商标或者具有兜售商标、高价转让未果即向博物馆提起侵权诉讼等行为的，也适用该条款。

综上，"不正当手段"既可以适用于大量抢注公共资源名称的行为，也可以适用于大量抢注其他人在先使用并有一定知名度的不同商标的行为。具体的适用，应结合以下几个方面进行判断❶：第一，争议商标申请注册人有大量申请注册商标的行为（囤积），可表现为大量抢注公共资源名称，如文化遗址地名或建筑名称（"紫禁城""太和殿""乾清宫""漱芳斋""延禧宫""三星堆"）、著名旅游景点名称（"黄龙溪""碧峰峡""前门""后海""颐和园"），抢注商标的数量超过100件的，或者抢注他人知名商标几十件的基本可被认定。一般而言，公共资源名称如需注册商标，应由受国家委托或许可的专门管理机构，如博物馆、旅游管理局等申请注册，个人或一般企业无权抢注。第二，争议商标申请人具有一定的"恶意"表现，如公开售卖其已经获得注册的商标，或向商标真正的权利人主张巨额索赔，或商标

---

❶ 钟鸣.《商标法》第44条第1款评注［J］.知识产权，2020（2）：26-38.

第四章 博物馆注册商标维权

申请注册人、配偶或其工作人员具有商标代理工作的经历等，满足其一即可证明"恶意"。第三，争议商标注册申请人的商标申请量超出了自身生产经营的需要，也不具有合理的使用或者使用意图。将自己申请注册的商标转让牟利的，其转让行为可以作为判断构成"不正当手段"的参考因素。注册数量过多且有转卖牟利的行为时，即使对部分商标有使用行为也构成"不正当手段"。争议商标申请注册人存在"傍名牌"或"搭便车"意义上使用，尤其是当其申请注册的商标属于他人有一定知名度的商标时，实际使用或者意图使用将增强认定构成"不正当手段"的可能。

司法实践中，还存在更为隐蔽的恶意串通牟利行为。例如，为规避商标被宣告无效的风险将自己的商标转让给他人，当能够查明双方之间有恶意串通行为时，或在商标申请注册开始时就由各利害关系人分别申请，获得注册后各利害关系人的商标放在一起运营，如果能够查证各申请人之间的关系，则会认定构成"不正当手段"。❶

博物馆"以其他不正当手段取得注册"主张权利时，应同时注意该条款的启用条件。在审查实践中，为避免"其他不正当手段获得注册"条款的滥用，可以用相对条款或其他绝对条款对权利主体合法权益予以保护的情况下，一般不适用"以其他不正当手段取得注册"条款予以规制，即申请无效宣告时，博物馆可以主张多项权利，采用基于法律规定的相对理由或其他绝对理由，在能够保护博物馆的合法权益的情况下，一般不会对博物馆提出的"以其他不正当手段取得注册"主张进行实体审查。但在上述案例中，博物馆提出的基于相对权利或其他绝对权利的主张均未获得支持，符合该条款的启用条件。这同时也体现出"以其他不正当手段取得注册"作为兜底条款的重要性，即在现行《商标法》无法穷尽列举所有应予以制约的不当行为的情况下，为法律条款无法明确列举的不当行为保留规制的依据。

不以使用为目的，大量囤积商标的行为，或以销售、转让等不直接使用为目的注册商标行为，会影响有正当注册需求的市场主体依法注册商标，或

---

❶ 钟鸣.《商标法》第44条第1款评注[J]. 知识产权，2020（2）：26-38.

增加其注册商标的成本，亦会影响商标注册秩序，进而损害不特定多数商标申请人的利益和社会公共利益，❶这也是国家通过法律打击恶意注册的原因。商标权是博物馆重要的知识产权，博物馆应充分利用法律赋予的权利，维护好相应的商标权益。在博物馆注册商标未被认定为驰名商标的情况下，通常较难阻挡相同或近似商品、服务以外的近似商标。因此，遇到他人通过注册近似商标实现"搭便车"的行为时，仅能获得非常有限的保护。"以其他不正当手段取得注册"条款的存在，约束了那些通过抄袭知名商标、知名字号或知名商号而抢注商标，并企图通过转让、授权获得非法利益的企业和个人，为博物馆保护自身权益提供了更多的机会。被申请人大量抢注公共资源名称，或申请注册多件与他人具有较强显著性的商标或者较高知名度的商标相同或者近似的商标，或申请注册多件与博物馆知名商品的名称、包装、装潢等商业标识相同或者近似的商标，或具有转让牟利行为，或具有兜售商标、高价转让未果即向博物馆提起侵权诉讼等行为的，属于"其他不正当手段"。在《商标法》其他条款不适用的情况下，"以其他不正当手段取得注册"作为兜底条款，在打击恶意注册行为、保护博物馆商标权益方面，可以发挥重要作用。

第六节　驰名商标认定

现行《商标法》给予驰名商标扩大保护，所以驰名商标认定可以提高博物馆商标维权能力，扩大保护范围。故宫博物院的"故宫""紫禁城"商标曾被认定为驰名商标，在故宫博物院的商标维权案件中发挥了重要作用。驰名商标认定并非易事，但是驰名商标认定在商标权维护方面发挥的巨大作用无可比拟，值得博物馆为之努力。

---

❶ 杨恩义. "以其他不正当手段取得注册"条款的适用——评维多利亚的秘密公司诉商标评审委员会、第三人庆鹏公司商标权无效宣告请求行政纠纷案［J］. 中华商标，2019（8）：41-45.

第四章 博物馆注册商标维权

一、驰名商标

（一）概念、特征和保护原则

驰名商标是指经过长期使用或大量商业推广与宣传，在市场上享有很高知名度，并被相关公众所熟知的商标。❶ 商标具有区分商品或服务来源的作用，而驰名商标除了具有区分作用外，更体现产品或服务的质量和提供商品或服务的机构的商业信誉，因而凝聚了比普通商标更高的商誉，世界各国普遍对驰名商标予以特殊保护。

我国驰名商标概念最早来源于《保护工业产权巴黎公约》（Paris Convention for the Protection of Industrial Property，以下简称《巴黎公约》）。驰名商标条款于 2001 年正式被写入《商标法》。在此之前，1996 年的《驰名商标的认定和管理暂行规定》将其定义为"能被相关公众所熟悉的注册商标"。2001 年《商标法》第十三条第一款被普遍认为是我国法律对未注册驰名商标的保护，这是执行《巴黎公约》义务的结果；而《商标法》第十三条第二款则被认为是对注册驰名商标的跨类保护，是为了满足《与贸易有关的知识产权协议》（Agreement on Trade-Related Aspects of Intellectual Property Rights，以下简称《TRIPS 协定》）的要求。❷《TRIPS 协定》对于已注册驰名商标与未注册驰名商标给予区别保护，被认为奠定了我国驰名商标保护制度的基础。虽 2013 年和 2019 年《商标法》两次修订，但其中对驰名商标保护的基本规定沿用至今。

驰名商标除一般商标的特征外，还应具有公众熟知性、地域性和认证机关特定性的特点。❸ 公众熟知可以理解为商标在产品和服务上应用了较长时间，产品和服务到达了很高的销量，拥有庞大的客户群体和非常高的消费者

---

❶ 王迁. 知识产权法教程［M］. 北京：中国人民大学出版社，2007：505.

❷ 王莲峰，曾涛. 国际视角下我国未注册驰名商标保护制度的完善［J］. 知识产权，2021（3）：54-68.

❸ 王可馨. 驰名商标的认证研究［J］. 现代经济信息，2019（14）：330-331.

信任度。地域性指驰名商标的使用和影响力，应以该商标在中国境内的使用和驰名程度作为判断依据。认证机关特定性指驰名商标须经过法定机关的认定而获得法律效力。我国对驰名商标的认定实行行政与司法认定双轨制认定方式，并且全面实行了"个案认定、被动保护、按需认定"的原则。

故宫博物院是全国唯一一家获得驰名商标认定的博物馆。其早期获得注册的"故宫"和"紫禁城"商标曾被认定为驰名商标，一方面增强了故宫博物院知识产权的保护力度，有效预防故宫博物院的品牌资源被他人破坏；另一方面也有利于故宫博物院的商标管理，是故宫博物院品牌战略发展的重要一步。[1] 由于"故宫"和"紫禁城"商标曾经被认定为驰名商标，在后来的异议、无效宣告等维权案件中发挥了重要作用，打击了很多跨类别"搭便车"的近似商标。

（二）驰名商标保护的法律依据

《商标法》第十三条提供了驰名商标保护的基本法律框架，对未注册驰名商标和已注册驰名商标分别给予不同程度的保护。未注册驰名商标，保护范围仅限于相同或者类似商品上，保护的标准是"容易导致混淆"。已注册驰名商标保护范围不限于相同或者类似商品上，实践中主要保护在不相同或者不相类似商品上，保护的标准是"误导公众、致使驰名商标注册人利益可能受到损害的"。

2014年《驰名商标认定和保护规定》从行政保护层面确定了驰名商标保护的法律依据。2002年发布的《最高人民法院关于审理商标民事纠纷案件适用法律若干问题的解释》和2009年颁布实施的《最高人民法院关于审理涉及驰名商标保护的民事纠纷案件应用法律若干问题的解释》，从司法层面为驰名商标案件提供了进一步的法律依据。

---

[1] 栾文静. 博物馆商标权保护研究——以故宫博物院为例[J]. 中国博物馆, 2016（1）: 52-59.

二、博物馆驰名商标认定的作用和意义

驰名商标对于博物馆的作用主要体现在跨类保护和维护商标（品牌）形象、避免淡化或丑化两个方面。

1. 对于博物馆而言，驰名商标相比一般商标的最大区别在于可以获得扩大保护即跨类保护

普通注册商标仅能对抗相同或类似产品（服务）上的近似商标，这就要求对方商标申请注册的类别或者核准注册的类别与博物馆注册商标相同，且产品或服务属于相同的群组。例如，博物馆被核准注册的是展览服务，通常无法抵抗他人在食品上注册相同或近似的商标，这就造成了博物馆注册商标被他人在其他类别抢注的情况。根据我国法律规定，已注册驰名商标可以获得跨类保护。例如，博物馆的注册商标被核准服务为展览服务，如被认定为驰名商标，则有可能抵挡他人就相同或类似商标在食品、餐饮服务、旅游、广告、手工艺品等其他产品或服务上的注册。

2. 避免因他人"搭便车"而造成博物馆商标的淡化、丑化和退化

博物馆注册商标到达知名或者驰名的程度，容易被他人"搭便车"，即将博物馆知名度较高的商标直接应用于其他的类别或者应用于粗制滥造的产品上，借助博物馆商标的知名度，不当利用博物馆品牌的信誉，淡化、丑化博物馆的商标和品牌形象。博物馆驰名商标既是对自身商标权的保护，也是对博物馆消费群体的权益维护，如果博物馆任由那些能够让消费者产生不当联想的商标存在，就会使博物馆的消费群体产生困惑。

三、侵犯博物馆驰名商标权利的两种情形

对博物馆驰名商标的侵犯，主要体现在抢注博物馆未注册驰名商标，在其他类别上注册、使用博物馆已注册驰名商标。

（一）抢注博物馆未注册驰名商标

如果博物馆的商标未注册，通常不具有商标专用权。通过认定驰名商标，未注册驰名商标虽不可获得跨类保护，但可以获得与普通注册商标类似的权利。博物馆商标虽未注册但构成驰名，他人申请注册的商标足以使相关公众对使用博物馆驰名商标的商品或者服务和他人申请商标的商品或服务的来源产生误认，或者足以使相关公众认为使用博物馆驰名商标的经营者和被诉商标的经营者之间具有特定联系。例如，许可使用、关联企业关系等，即《商标法》第十三条第二款规定的"容易导致混淆"。

（二）在其他类别上注册、使用博物馆已注册驰名商标

博物馆注册商标构成驰名，他人申请注册的商标足以使相关公众认为该商标与博物馆驰名商标具有相当程度的联系，从而减弱博物馆驰名商标的显著性、贬损博物馆驰名商标的市场声誉，或者不正当利用博物馆驰名商标的市场声誉，即构成《商标法》第十三条第三款规定的"误导公众，致使该驰名商标注册人的利益可能受到损害"。侵犯博物馆已注册驰名商标，可以划分为三个具体情形：第一，使相关公众认为争诉商标的所有人与博物馆系同一主体，从而将在非类似商品或服务上申请注册的商标与博物馆驰名商标相混淆，即直接混淆；第二，使相关公众误认为争诉商标的所有人与博物馆具有特定关联关系，即间接混淆；第三，"淡化"，即足以使相关公众认为争诉商标与博物馆驰名商标具有相当程度的联系，并且减弱博物馆驰名商标的显著性、丑化博物馆驰名商标市场声誉，或者不正当利用博物馆驰名商标的市场声誉。❶

四、博物馆申请认定驰名商标的举证责任及主要证据

如前文所述，驰名商标认定可以更好地保护博物馆的商标权益，但是获得认定，是实践中的难点。既然由博物馆主张驰名商标认定，则博物馆负有

---

❶ 北京市一中院〔2012〕一中知行初字第1058号行政判决书。

举证责任，完整而有效的证据是获得认证的关键。

（一）博物馆的举证责任及主要证据

博物馆主张驰名商标时负有举证责任，应证明该商标达到"驰名"的程度，构成驰名商标。相关公众的知晓程度是驰名商标认定的核心。❶"广为知晓"应理解为商标被中国境内的大部分地区的相关公众所熟知，而仅在部分地区具有较高知名度的商标不能被认定为驰名商标。❷

2004年，故宫博物院向商标局提出申请，通过商标异议的方式，将"故宫"和"紫禁城"认定为驰名商标。❸两个商标于2006年被商标局在第39、41、42类上认定为驰名商标。故宫博物院提交的申请驰名商标认定的证据包括：文化部关于推荐"故宫""紫禁城"为驰名商标的函；2000年至2003年故宫博物院获得荣誉称号；他人申请注册"故宫""紫禁城"商标公告情况；"故宫""紫禁城"商标注册情况；故宫博物院已对他人申请注册"故宫""紫禁城"商标提出异议情况；国务院确定故宫为全国重点文物保护单位证明；联合国教科文组织确定故宫为世界文化遗产名录证书；故宫博物院事业单位法人证书；2001年至2003年接待重要国宾情况；申请日近3年相关的报道则要；申请日前3年展览、修缮、出版情况等。

2009年发布的《最高人民法院关于审理涉及驰名商标保护的民事纠纷案件应用法律若干问题的解释》第五条规定："当事人主张商标驰名的，应当根据案件具体情况，提供下列证据，证明被诉侵犯商标权或者不正当竞争行为发生时，其商标已属驰名：（一）使用该商标的商品的市场份额、销售区域、利税等；（二）该商标的持续使用时间；（三）该商标的宣传或者促销活动的方式、持续时间、程度、资金投入和地域范围；（四）该商标曾被作为驰名商标受保护的记录；（五）该商标享有的市场声誉；（六）证明该商标

---

❶ 陈锦川. 商标授权确权的司法审查[M]. 北京：中国法制出版社，2014：299.

❷ 孔祥俊. 商标法与不正当竞争法——原理和判例[M]. 北京：法律出版社，2009：411.

❸ 栾文静. 博物馆商标权保护研究——以故宫博物院为例[J]. 中国博物馆，2016（1）：52-59.

已属驰名的其他事实。前款所涉及的商标使用的时间、范围、方式等,包括其核准注册前持续使用的情形。对于商标使用的时间长短、行业排名、市场调查报告、市场价值评估报告、是否曾被认定为著名商标等证据,人民法院应当结合认定商标驰名的其他证据,客观、全面地进行审查。"

商标使用的持续时间,宣传的持续时间、程度和地理范围,受保护的记录等体现了相关公众的知晓程度。产品销售合同应显示商标或提供其他佐证,以证明该合同是使用该商标的商品的销售业绩事实,否则无法认定。提交广告合同和广告发布情况,应提供实际广告内容以证明相关公众对商标知晓程度和其对商标的宣传程度。广告中仅宣传商品和博物馆,则不能认定为对商标宣传的时间、程度和地域范围的证据。

(二)举证责任在以下情况下可以减轻

商标民事纠纷案件中,博物馆申请驰名商标保护的,如该商标在先被行政机关或者法院认定为驰名的,且对方当事人对驰名的事实不持异议的,人民法院直接予以认定。对方当事人提出异议的,人民法院依照《商标法》第十四条的规定审查,博物馆仍应当对该商标驰名的事实负举证责任。❶ 对于驰名程度相当高或者极具知名度、为社会公众广泛知晓的驰名商标,已经提供基本证据或者对方当事人无异议的,可以减轻权利人的举证责任。这点也体现在《最高人民法院关于审理涉及驰名商标保护的民事纠纷案件应用法律若干问题的解释》的相应内容中。

2002年《最高人民法院关于审理商标民事纠纷案件适用法律若干问题的解释》第二十二条第三款规定:"当事人对曾经被行政主管机关或者人民法院认定的驰名商标请求保护的,对方当事人对涉及的商标驰名不持异议,人民法院不再审查。"2009年发布的《最高人民法院关于审理涉及驰名商标保护的民事纠纷案件应用法律若干问题的解释》第七条第一款规定:"被诉侵犯商标权或者不正当竞争行为发生前,曾被人民法院或者国务院工商行政管理部门认定驰名的商标,被告对该商标驰名的事实不持异议的,人民法院应

---

❶ 参见2009年发布的《最高人民法院关于审理涉及驰名商标保护的民事纠纷案件应用法律若干问题的解释》第七条第一款。

当予以认定。"

博物馆申请驰名商标认定，举证责任在所难免，能否予以认定，很大程度上依据博物馆提交的"驰名"证据而定。普遍认为，"驰名"与商誉有直接的关系，应从商誉、知名度的角度对驰名商标进行界定，这便造成了博物馆申请认证驰名商标最大的难点。博物馆本属于公益事业单位，商业属性并不是博物馆的本质属性。除了被划归至"公益二类"的少数博物馆外，大多数博物馆仍然属于"公益一类"，并不具备从事经营的资格。相应地，举证"驰名"难度可想而知。

五、博物馆驰名商标作用认识误区

博物馆应冷静地对待驰名商标的申请、认定和使用。在驰名商标权利如何行使、权利范围如何确定方面容易存在三个认识误区。

误区一：商标够"驰名"可认定为驰名商标。

虽然博物馆在主张驰名商标认定时应该举证该商标达到"驰名"程度，但是达到"驰名"并非可被认定为驰名商标的唯一条件，认定驰名商标并不能构成独立的诉讼请求。无论是通过行政途径还是司法途径，仅当博物馆为了确权或维权的需要，才可通过相关的案件向国家知识产权局或法院申请认定驰名商标。

除"个案认定"和"被动保护"外，驰名商标认定另遵循"按需认定"原则。除了到达"驰名"程度外，还应具备如下条件：[1]第一，博物馆商标在诉争商标申请注册之前已经达到驰名程度；第二，诉争商标是对博物馆驰名商标的复制、摹仿；第三，诉争商标指定使用的商品与博物馆驰名商标核定使用的商品未构成类似商品；第四，诉争商标与他人驰名商标并存容易误导公众，致使驰名商标所有人的利益受损。只有在同时具备上述条件的情形下，国家知识产权局或法院才有必要对博物馆驰名商标作出认定和保护，这

---

[1] 杜颖，何吉. 驰名商标"按需认定"原则辨析[J]. 电子知识产权，2020（8）：20-30.

便是"按需认定"原则。

误区二：驰名商标可直接用于博物馆品牌宣传。

驰名商标制度建立后，曾经产生过驰名商标异化的问题。我国曾经实行计划经济，突出强调政府的管理作用，社会公众仅信赖官方认定，造成企业将驰名商标认定作为一种宣传噱头。❶企业为了获得公众对商品和服务的信赖，通过驰名商标的认定，获得品牌宣传与推广的资源和政策支持，这种现象即驰名商标"异化"现象。为了防止基于谋求商业利益或广告效应而刻意追求驰名商标认定的行为，2013年《商标法》修订时，增加了生产、经营者不得将"驰名商标"字样用于商品、商品包装、容器上或者用于广告宣传、展览以及其他商业活动中的规定。此次修订之后，将"驰名商标"字样视为荣誉称号并突出使用，用于宣传企业或推销企业经营的商品或服务均属于违法行为。这是基于驰名商标异化现象的事实，为了使驰名商标保护制度回归保护功能本身，避免造成新的市场混乱而作出的修改，是驰名商标制度的完善和补充。

虽然驰名商标字样不可直接用于宣传，但不妨碍博物馆对认证事实的客观描述。驰名商标认定和受到扩大保护是客观事实，博物馆可在网站上或经营宣传推广活动中陈述这一事实，仅陈述驰名商标认定和扩大保护的事实，不突出使用"驰名商标"字样的，不属于违法行为。这一点在2016年国家工商总局《关于企业在自建网站上使用驰名商标字样等有关问题的批复》和2019年11月国家知识产权局印发的《加强查处商标违法案件中驰名商标保护的通知》中皆有明确体现。

博物馆争取驰名商标认定，初衷应是更好地进行商标权利的维护，防止他人不当利用博物馆商标知名度损害博物馆商标权益，而不是期待通过驰名商标的认定及宣传获得更大的品牌知名度。商标是否驰名，有赖于商品生产者和服务提供者提供高品质的商品或服务，获得市场和消费者的认可，以此积累商誉，并通过对商标的持续使用、宣传和保护，不断扩大其知名度和影

---

❶ 范楚仪. 驰名商标制度研究［J］. 法制博览，2019（21）：1-4.

响力。❶ 驰名商标认定的性质是案件中对商标的知名度和影响力予以确认，并进一步判定是否构成恶意、是否需要给予扩大保护，而不是赋予商标某种殊荣，也不等同于对使用了驰名商标的产品或服务质量的保障。

误区三：驰名商标跨类保护等同于全类保护。

在被认定构成驰名的前提下，博物馆驰名商标的跨类别保护范围值得探讨。驰名商标的跨类保护不等同于全类保护，各国对驰名商标跨类保护的范围采取不同的限度标准。德国和法国等国实行驰名商标相对保护，仅在容易产生混淆的商品或者服务类别中进行；美国、英国、日本等国实行驰名商标绝对保护，保护类别几乎不予限制。❷ 我国法律制度下，驰名商标跨类保护范围的大小主要与显著性、知名度和其与争诉商标的商品或服务的关联度三项因素相关。❸

（1）博物馆驰名商标本身的显著性。博物馆驰名商标的价值体现于其在公众心中代表的唯一而独特的商标形象，显著性越强则保护范围越大。

（2）博物馆驰名商标的知名度。博物馆驰名商标在相关公众中的知晓程度越高，获得保护的范围越大。驰名商标被保护的前提是达到驰名程度，即该商标为相关公众广泛知晓。若驰名商标能够排斥在后的商标在不相同或者不类似的商品上注册，则驰名商标的知名度应足以覆盖在后商标的相关公众。❹ 因此，只有在后商标的相关公众知晓博物馆驰名商标，上述相关公众看到在后商标时才能够联想到博物馆驰名商标，才有可能损害博物馆驰名商标的权益。所以，驰名商标在相关公众（包含在后商标的相关公众）中的知晓程度越高，其跨类保护的范围越大。

（3）博物馆驰名商标与争诉商标指定或者核定使用的商品或者服务的关

---

❶ 国家知识产权局官方网站.《国家知识产权局关于政协十三届全国委员会第三次会议第1198号（政治法律类121号）提案答复的函》[EB/OL].（2020-09-25）[2021-05-20]. https://www.cnipa.gov.cn/art/2020/9/25/art_516_152543.html.

❷ 陈锦川. 商标授权确权的司法审查[M]. 北京：中国法制出版社，2014：314.

❸ 同❷：315-316.

❹ 王迁. 知识产权法教程[M]. 北京：中国人民大学出版社，2007：505.

联程度。当二者的商品或服务在行业和技术上的差距非常大，不会误导相关公众时，则不再给予跨类保护。

博物馆申请驰名商标保护的意义主要在于，驰名商标可以获得扩大保护即跨类保护，可避免因他人"搭便车"而造成博物馆商标的淡化、丑化和退化。申请驰名商标认定时，博物馆作为申请人，负有举证责任。驰名商标遵循"个案认定"原则，认定结果不必然延及其他案件，虽然在一定条件下可减轻举证责任，但争诉商标所有人对博物馆驰名商标认定持异议时，博物馆仍应再度举证。申请认定知名商标难度大，博物馆应充分认识驰名商标的作用和意义，避免陷入使用和保护的误区。到达"驰名"程度不意味着当然被认定为驰名商标。具有认定必要性的案件相当于"契机"，使博物馆获得提出"驰名"认定的机会，博物馆商标到达"驰名"程度的证据才可有力支撑博物馆获得驰名商标认定。驰名商标认定的事实可做陈述性使用，但不可突出"驰名商标"字样用于博物馆或产品、服务的宣传。驰名商标的跨类保护不等同于全类保护，跨类保护范围与商标显著性、知名度和商标所使用在商品或服务的关联度三项因素相关。

小　结

维护商标权利对于博物馆而言是必要的。博物馆商标权被侵犯主要表现为博物馆商标被抢注、博物馆商标被仿冒、博物馆商标被模仿注册和博物馆商标被他人恶意撤销等。实践中，及时续展、适时扩大注册范围、重视商标监测、充分利用行政维权的优势、做好使用证据的保留等是较为有效的维权策略。打击不当商标，既可采用异议、无效宣告、"撤三"等行政保护途径，也可通过法律诉讼的司法保护途径。博物馆商标维权的目标包括维持商标权利状态、维护商标显著性和防止商标淡化等。博物馆商标权利稳定是后文要讨论的商标使用的前提条件，无论博物馆自行使用还是许可他人使用，皆以商标权稳定为基础。

第五章
博物馆注册商标使用

第一节　博物馆注册商标的法定使用

商标的正确使用是维系商标权利的重要方式。根据《商标法》第四十八条的规定："商标的使用，是指将商标用于商品、商品包装或者容器以及商品交易文书上，或者将商标用于广告宣传、展览以及其他商业活动中，用于识别商品来源的行为。"如果博物馆的注册商标连续超过三年未使用，且没有合理的不使用理由，可由任何人向国家知识产权局提出撤销申请。博物馆取得商标权并非一劳永逸，从获准注册开始，便应合理规划商标的使用。法定的使用包含两类情形：第一是博物馆自己使用，主要指博物馆的各类产品和服务使用博物馆的注册商标；第二是对外许可使用，即商标许可或包含商标许可的品牌授权等。

一、博物馆注册商标使用规范

博物馆注册商标的实际使用人，无论是博物馆本身还是被许可人，皆应合法、规范地使用博物馆的注册商标。不合法、不规范的使用行为包括：擅自改变博物馆注册商标的样式；擅自改变注册人名义、地址或者其他注册事项；连续三年不使用，且无合理理由；自行转让注册商标；使用商标的商品粗制滥造或服务以次充好；经许可使用博物馆注册商标而未标明被许可人的名称和商品产地。不当使用行为有可能导致博物馆的注册商标被撤销，擅自改变注册商标也可能侵犯他人的注册商标专用权。实施《商标法》禁止的行为，如发生诉讼可能会成为对方否认侵权的抗辩理由。❶被授权方未规范使用博物馆注册商标，或经营不善，或出现产品质量问题，或违背约定使用（如转授权等）也可能使博物馆商标和品牌形象受损。另外，博物馆许可他人使用博物馆商标，应签订商标使用许可合同，并向商标局备案，由商标局公告，未经备案无法对抗善意第三人。在商标许可使用情况下，博物馆应监督被许可人使用博物馆注册商标的商品质量，被许可的一方则有保证商品质量的义务。"随着商标许可制度的推行，同一商标所标示的商品或服务有了不同的来源，既来自许可人也来自被许可人"，"博物馆在甄别被许可人时应注意，一定要选择管理制度完善、产品质量好、诚实信用的企业"，"除此之外，博物馆还应当监督被许可人使用其注册商标的文创产品质量，防止自己的文创产品商标因被许可人使用导致信誉遭受损害"。❷

二、博物馆商标设计与商标使用

博物馆商标作为一种标识，除了其形式设计需符合标识设计的一般要求外，还需符合法律规定，符合生产经营中对商标的实用性要求。

1. 博物馆商标设计应符合标识设计的要求

商标设计是商标创意的体现和表达，是用文字或艺术手段将商标构思具体化、成果化的过程。❸博物馆商标设计，其本身属于图形艺术设计，需符合其本身的艺术设计规律，以便更好地发挥其功能。商标作为一种标识，设计上要求符合美学设计原则，符合当代大众的审美要求，并体现标识所代表

---

❶❷ 黄哲京. 博物馆文创产品的知识产权保护［J］. 故宫学刊，2016（1）：201-212.
❸ 王黎萤，刘云，肖延高. 知识产权管理［M］. 北京：清华大学出版社，2020：97.

的品牌特色和文化特征。[1]博物馆商标代表了博物馆的形象，博物馆的商标设计应结合博物馆的特点，代表博物馆的文化特征和品牌个性。博物馆的商标设计具有足够的象征力，则不易被模仿。[2]商标设计前应考虑清楚博物馆借用商标向公众传达的信息，如博物馆的文化特征或品牌特色。

博物馆商标设计应考虑构图和色彩，概括简练，能够形成一定的视觉冲击力和吸引力，色彩则宜单纯、醒目、强烈。博物馆商标设计中强调色彩，更多是鉴于后续的实际使用意义。从商标注册的角度而言，注册中指定颜色，则在后续使用时仅能使用这一种颜色，更换颜色使用不符合法律规定。因此，注册时多采用黑白标样申请，实际使用时可以根据底色和整体设计的需要变换颜色。通常情况下，一般的商标设计，其显著性更多体现于图形和文字中，以黑白标样申请注册不影响显著性，但是个别情况下，颜色是构成博物馆商标显著性的重要因素之一，去掉颜色则失去显著性，此时则建议使用和注册皆指定颜色，且不可随意变化。

2. 博物馆商标设计应符合法律要求

商标设计的合法性体现在三个方面：第一，商标组成要素合法。《商标法》对商标要素的规定是文字、图形、字母、数字、三维标志、颜色组合和声音以及相应的要素组合。避免使用法律禁止使用和禁止注册的标记作为设计元素。第二，商标应具备显著性。"显著"是指与同类产品或服务的商标形成显著区分，低识别性、个性不突出则不具备显著性。显著性特征意味着其不能指向该产品的功能，因为功能是一类产品或相似产品之间的共性。商标具有的显著性特征，是指其使用在具体的商品或者服务上，能够让相关公众将其作为指示商标或者服务来源的标志，而非其本身具有某种特点或者独创性。[3]突出而新颖的设计是能够让博物馆商标获得显著性的途径之一，但

---

[1] 吕雪莲. 特色文化品牌标识的美术设计——评《品牌标识创意与设计》[J]. 中国高校科技，2021（6）：110.

[2] 张红霞. 商标设计及其知识产权的保护[J]. 法制博览，2021（21）：99-100.

[3] 北京市高级人民法院知识产权审判庭. 商标授权确权的司法审查[M]. 北京：中国法制出版社，2014：78.

显著性应与独创性相区别。第三，商标应具备独创性。独创性是著作权权法意义上的"独创"，博物馆商标设计应避免与他人的商标权、著作权、外观设计专利、肖像权、名称权等形成冲突。显著性特征和商标设计的独创性是完全独立的两个方面。具有著作权意义上的独创性不代表必然具有区分商品来源的功能，在一些情况下，不具有独创性并不意味着不具备显著性特征。

3. 博物馆商标设计应符合现实应用需求

博物馆商标设计应考虑商标的实用性问题。实用性包括商标易识别、易形成记忆，且容易印制。商标较多应用于产品、包装、宣传物料、提供产品及服务的空间，例如媒体广告、店招等，必然应考虑其与包装或宣传物料材质结合的问题。交错呈现的线条式商标设计，虽然在效果图呈现中可以体现出艺术感和色彩层次，但由于线条交错，在包装或宣传物料印制过程中，堆叠的色彩可能无法体现出层次，反而呈现出混沌的效果。当博物馆全称作为商标组成的一部分时，因字数较多，又体现于有限的空间之内，规整的字体，如黑体，相比行书、草书字体，更容易清晰呈现。

第二节　博物馆商标许可使用

一、博物馆商标许可及其利弊

本章第一节曾提及博物馆商标使用的第二种情况，即博物馆将商标权以商标许可的形式授权给他人使用。商标许可是博物馆根据法律和政策的规定，选择性地授予符合要求的企业或机构使用其注册商标，从而实现文化效益和经济效益的过程。实践中，多称之为"商标授权"，在《商标法》及相应的法律法规中则表述为"商标使用许可"，许可所表明的法律关系，也即通常所说的"授权"。在部分的合同文本中，也常以"商标授权"表述商标使用许可关系。博物馆商标许可不是所有权的转移，许可期间的商标权仍属于博物馆所有，商标许可仅仅是博物馆将商标使用权阶段性地、有条件地许可给他人使用。被授权方的范围涵盖社会企业、博物馆出资设立的全资下属企业、与其他企业合资设立的关联企业或其他机构。

商标除了是一种标识，它更是信息的传递者，具有"来源识别、质量保证、广告宣传、商誉积累以及身份表彰等功能"，❶这些信息通过消费者认知，转化为对消费者的吸引力，增强消费者信心，吸引消费者购买。通常，商标许可发生的基础是被许可商标具有较高的知名度和较强的显著性，其所承载的商誉价值不菲，被许可使用人有偿使用的目的是"凭借既存的知名商标与商誉而获得利益"，是合法的"搭便车"与"傍名牌"行为"。❷博物馆商标授权中，被授权人关注的也是被授权博物馆商标的既有品牌价值、商标中凝结的商誉和商标显著性。同时，通过许可使用可进一步"扩大商标的使用范围，提高商标的知名度"，"最大限度地发挥商标的功能价值，实现商标权人和被许可人的双赢局面"。❸博物馆商标许可对博物馆和被许可双方的利弊皆是双向的。当博物馆商标的状态和价值发生变化时，被许可方的利益也会产生相应变化，被许可方在许可后的经营行为，也对博物馆商标的状态和价值产生一定的影响，双方彼此产生的影响，或利或弊。任何一方通过商标许可得到的是利还是弊，与另一方的行为及其结果有必然的关联。

二、博物馆商标使用许可合同及其效力的影响因素

博物馆商标许可应以签订相应的使用许可合同作为依据。完善的许可合

---

❶ 杨凯旋. 商誉连同商标回转的认识及批判［J］. 沈阳工业大学学报（社会科学版），2021（5）：472-480.

❷ 同❶。

❸ 李梦华. 商标双重许可下在先独占被许可人的救济［D］. 上海：华东政法大学，2019.

同有助于规避法律风险，保护博物馆权益。博物馆商标权使用许可合同是指博物馆作为权利人为将自己的商标许可给他人使用而签订的债权债务协议。❶完善的、有效的商标使用许可合同，能够规避商标使用许可关系中大部分的法律风险。博物馆商标使用许可合同体现了权利人与被授权人的法律关系，限定许可期限、许可数量、收费标准、缴费方式、权责义务、违约赔偿、争议解决等内容。

商标使用许可合同能否发挥预期的法律效力，受到多种因素的影响。拟订博物馆商标使用许可合同，应按照公平正义原则，力求商标使用许可合同的严谨与完整，认真进行合同审查，避免合同出现漏洞，并在合同执行的过程中认真履行相关的监管职能。一般而言，影响博物馆商标许可合同效力的因素包括：合同是否遵照合法合规和公平正义原则；被许可方是否具备相应的资质和能力；合同条款是否完整完备及具备可操作性；合同有效期内，博物馆作为商标权人是否尽到维持商标有效的义务，是否积极应对他人提出的各类商标无效请求，保障许可合同的正常履行；签订后的合同是否向商标管理部门进行了必要的登记备案；合同的授权地域和期限是否超过博物馆的实际监管能力等。博物馆可通过先合同义务、被许可人资格审查、维持博物馆注册商标有效状态、完善合同条款和及时进行商标使用许可合同备案等措施保证合同效力。

（一）先合同义务

博物馆商标使用许可合同的先合同义务，是指在订立合同过程中以及合同生效前所发生的，应由商标权使用许可合同双方当事人各自承担的法律义务，主要包括合同当事人之间互相保护、通知、协作、保密及禁止欺诈等义务。❷即使未建立合同关系，不履行义务给对方造成损失，也应承担一定的法律责任。博物馆商标许可的先合同义务主要体现在保守商业秘密方面。

---

❶ 傅宏宇，谭海波. 知识产权运营管理法律事务与重点问题诠释［M］. 北京：中国法制出版社，2017：14.

❷ 法律出版社法规中心. 中华人民共和国合同法注释本［M］. 北京：法律出版社，2013：46.

《中华人民共和国民法典》（以下简称《民法典》）第五百零一条规定："当事人在订立合同过程中知悉的商业秘密或者其他应当保密的信息，无论合同是否成立，不得泄露或者不正当地使用；泄露、不正当地使用该商业秘密或者信息，造成对方损失的，应当承担赔偿责任。"在博物馆部分授权业务的对接和洽谈过程中，双方多次沟通，可能已经涉及部分商业秘密，无论是否建立合同关系，双方都应保守商业秘密，避免出现违反先合同义务而使博物馆相关权利受损的问题。博物馆可在正式沟通前先行签署《保密协议》或《保密承诺书》，明确保密义务，将先合同义务转化为合同义务。

（二）被许可人资格审查

对于博物馆而言，应在签订商标使用许可合同前对被许可人的情况进行全面了解。例如，被许可人的经营资质、经营规模、生产能力、产品质量、企业信誉，甚至应当了解其经营理念、企业文化、经营策略和企业战略等。被许可人经营不善、违法违规经营、管理失衡、不正当竞争等问题都会影响合同的执行，并可能对博物馆的商标和品牌形象产生不利影响。

（三）商标权状态对博物馆商标使用许可合同效力的影响

博物馆商标使用许可合同生效的基础是博物馆相应商标状态的有效、稳定。商标权失效后，博物馆不再是该商标的权利人，也无法进行权利许可，已经签订了商标使用许可合同的，会因授权标的的失效而失去合同执行的基础，博物馆还会因为损害被授权方利益而受到追责。因此，博物馆作为许可人，应尽力维持商标权的有效和稳定，积极进行商标维权。

（四）博物馆商标使用许可合同主要条款

博物馆商标使用许可合同内容对合同效力具有直接的影响。为保证合同的有效性，博物馆应对合同进行认真审查，保证合同内容的完整完善。博物馆商标使用许可合同的主要条款包括：双方的名称、地址、许可使用的注册商标及其注册信息；许可方式，即被许可人是否可以另行许可他人使用该商标；被许可商标的许可使用范围，既包括被许可使用的商品或服务，也包括被许可使用的地域和时间；博物馆对被许可人使用其商标的商品和服务进行监督和管控的条款；在被许可人使用博物馆注册商标的产品上注明被许可人名称和产地的条款；博物馆保证被许可注册商标持续有效的条款；许可使用费的具体金额、计算方式及支付方式；利益增值的分配方式；违约责任；合同终止或解除的条件；合同终止后，使用被许可商标剩余产品的处理方式；合同争议解决方式等其他必要内容。

1. 许可人和被许可人的名称、地址、电子邮件

博物馆和被许可人的名称是必须内容，用于明确授权人与被授权人双方的身份。地址主要用于明确发生纠纷提起诉讼时的管辖法院。管辖法院的选择应遵循"就近、方便、利己、合法"的原则，一般由被告住所地或者合同履行地的人民法院管辖。另外，博物馆也可与被许可方在合同中约定合同签订地、原告所在地或标的物所在地的人民法院管辖。❶

2. 合同标的

合同标的是博物馆商标使用许可合同的核心内容。博物馆商标使用许可合同标的指的是使用许可中权利义务关系所指对象，即被授权的博物馆注册商标。双方的权利义务约定均围绕该合同标的的确定，合同对标的的规定应当清楚明白、准确无误，并尽可能细致准确。商标使用许可合同的标的往往为无形财产，不以实物形态存在，是人类的智力成果，具有价值和使用价值，对其描述更应准确、细致。博物馆和被许可人属于不同行业时，应注意习惯称谓的差异，避免不必要的纠纷。

3. 数量与质量

博物馆商标使用许可合同对使用了博物馆商标的产品数量和质量都应作出要求。数量包括产品的个数、体积、容积、长度、重量等，质量则是相关产品的优劣程度。有些时候，产品数量关系到博物馆商标许可费用的高低，影响商标许可合同金额，应尽力做到准确和清楚。质量条款是博物馆商标使用许可合同中非常重要的条款，在合同中应尽可能地细致和准确。国家有强制性标准的，可按照强制标准或更高标准执行；没有强制性标准的，应尽可能约定其适用的标准。同时，尽量约定质量检验方法、质量责任和对质量提

---

❶ 雷霆. 合同审查精要与实务指南[M]. 北京：法律出版社，2018：146.

出异议的条件与期限等。

博物馆应监督被许可人使用其商标的产品质量，被许可人应当保证使用该商标的产品质量。因此，在博物馆商标使用许可合同中，应当约定博物馆采取合理的方式检查、考察被许可人的生产品质，被许可人的产品质量若达不到既定标准，博物馆有权终止合同，收回博物馆商标的使用权。并且，可以约定也应尽可能约定具体的质量控制手段，如提供样品、抽查或巡查生产地等。被许可人有义务接受博物馆对产品质量的监督审查，保证使用的被许可商标的产品或服务的质量，并在其商品或包装上标明被许可人的名称和产品产地，满足公众的知情权。被许可人应以质量保证金或者履约保函的形式支付一定的"抵押"费用。质量保证金可由双方约定时间，于合同终止后进行结算或返还；履约保函由银行出具，款项由银行代管，相当于"冻结"状态，合同期内履约保函交由博物馆保存，合同期满无违约资金"解冻"。

被许可使用商标的产品在发布、宣传和销售之前，有关的宣传材料、广告方案、销售计划等应经博物馆认可。对检查发现的不合格产品，博物馆有权要求被许可人撤除被许可商标后作价处理或者销毁处理，检查的标准可参考国际标准或行业标准。被许可人不得侵犯、模仿、非法使用、滥用博物馆商标，不得注册与合同标的相同或近似的商标。

4. 合同有效期和许可地域范围

博物馆商标许可使用合同的有效期和许可范围条款是合同的重要内容。有效期约定或许可地域范围不明确或者不准确，将严重影响合同的效力。博物馆商标使用许可合同的生效日期可以单独约定，也可以采用合同签署日期作为合同生效日期。有效期的约定应清晰，对于合同生效日期和合同终止日期应尽量明确，许可的地域范围应力求准确，避免使用模糊或容易产生歧义的用语和表述。

5. 价款和付款

价款是衡量博物馆商标使用许可合同是否公平的重要指标。许可费用的计算通常采用定额和非定额两种方式。定额是既定的金额，无论被许可人使用被许可商标后获利如何，均以合同约定的价款作为许可费用并提前支付。

非定额方式则考虑被许可方在合同执行后的利润或者收入，依此确定收费比例或比例区间。

付款条款通常与合同权利义务平衡具有密切关系，对于保证博物馆商标使用许可合同履行具有重要意义。原则上应把博物馆商标使用许可合同价款的支付与合同履行过程中义务履行和违约风险控制相结合，把商标使用许可合同的价款支付条件和各阶段应履行的合同义务密切联系，通过设定商标使用许可合同价款支付的时间点和付款比例来约束被授权方，促使其履行合同义务。例如，约定被许可人是否一次性付款、首付款时间和付款的比例是否得当、分期支付的要求和付款条件是否与合同义务相一致等。

6. 利益分配

利益分配应公平合理。博物馆商标许可合同双方的利益分配明显有失公平时，利益受损的一方可以请求仲裁机构或人民法院对合同重新进行裁决。因此，明显有失公平的合同可能面临无效或部分无效的风险。从博物馆商标使用许可合同更为完善的角度看，还应约定被许可人是否参与许可期内商标增值的利益分配；被许可人使用博物馆商标不当造成的商标价值贬值是否需要进行补偿。

7. 合同终止后相关产品的处理

博物馆商标使用许可合同应明确约定商标许可使用合同期限届满后，对许可期内生产的库存产品的处理方式。一般可约定终止后的一定期限内，被许可人可继续销售库存产品。有关时间、数量可以根据市场预期和惯例，由博物馆与被许可人协商确定。

8. 违约责任

违约责任条款是非常重要的合同内容。拟订博物馆商标使用许可合同时，应尽力穷尽各种可能性的违约假设并设立违约处理方式，约定违约情形、违约责任、违约所产生的损失范围及赔偿金额。违约责任的承担方式包括继续履行、补偿损失、采取补救措施、违约金责任和定金责任。损失赔偿时，损失赔偿额应相当于因违约所造成的直接损失和间接损失，包括合同履行后可获得的确定利益，即无违约时必然取得，违约时失去的利益。同时，

要明确违约金数额或违约数额计算方式，如合同总金额的百分比，或按中国人民银行同期贷款利息或者逾期贷款利息等标准计算日违约金。违约金数额确定应当合理，双方约定的违约金数额低于或高于实际造成损失的30%时，可视为过分高于或低于实际损失，可以请求法院或者仲裁机构予以适当增加或者减少。❶

9. 争议解决

博物馆商标使用许可合同双方或一方对合同内容有争议时，对争议解决的约定是否适当，也会在一定程度上影响合同的效力。解决争议的办法包括协商、调解、仲裁或者诉讼。其中，仲裁或者诉讼只能二选一，或裁或诉。约定仲裁条款应注意，仲裁的费用往往远高于诉讼的费用，如果合同内仲裁条款约定得不够清晰，仲裁机构可能无法有效地进行仲裁。

为保证博物馆商标使用许可合同的规范性，可提前制定博物馆商标使用许可合同示范合同。博物馆商标使用许可合同示范合同是指按照法律法规的规定，根据博物馆自身业务和经营的需要，结合博物馆授权交易特点和博物馆授权惯例等制定的指导性、规范性合同文本。示范合同文本具有形式规范、表述严谨、条款完备、权利和义务明确等特点。博物馆制定并使用完善的商标使用许可示范合同，能够避免不同合同起草人员由于疏忽大意造成的条款遗漏和表述不当，能够在很大程度上节省起草和修改合同的时间，提高工作效率，保证合同的合法性、准确性和完整性。

（五）商标使用许可合同备案

商标使用许可合同备案，一方面实现了国家商标监管部门对商标许可使用情况的管理，规范了商标使用市场；另一方面，对社会公众而言，备案也是了解商标实际状况、保证交易安全的重要手段。在双方认可的情况下，博物馆商标使用许可合同未备案，不影响合同签订双方对合同的执行，但未经备案的合同可能存在合法性、完整性、可执行性等方面的问题，容易产生纠纷。而且，未经备案的商标许可使用合同无法对抗善意第三人。因此，博物

---

❶ 法律出版社法规中心. 中华人民共和国合同法注释本 [M]. 北京：法律出版社，2013：90.

馆商标使用许可合同备案,可在一定程度上增强合同效力,充分保证博物馆和被许可方的合法利益。

小　结

规范而正确地使用博物馆注册商标,是博物馆知识产权实践中的重要事项,规范使用也是对于博物馆商标权保护中的关键环节。规范而正确地使用注册商标可有效避免对他人商标权的侵犯,也可在发生纠纷时提供抗辩依据。同时,当代博物馆多重职能背景下,商标对外许可使用已成为博物馆服务社会需求的一部分。完善的许可合同有助于规避法律风险,保护博物馆权益。先合同义务,合同标的的稳定性,合同条款的合法性、完整性、准确性等均可影响合同的效力。合同签署前,应对被许可方进行严格的资格审查,如涉及保密内容,可先行签署保密协议,将先合同义务转化为合同义务;博物馆作为许可方应保证合同标的状态稳定有效;合同的审核和管理应严格,应确保合同内容合法、准确和完备。合同签署后积极进行合同备案,以保证缔约双方的合法利益。

第六章
博物馆品牌授权

实践中，博物馆进行单独的商标使用许可是比较少的，多权益结合的品牌授权则更为常见。相比单一的商标许可，品牌授权是更为多元化的授权。除商标以外，博物馆名称、著作权、产品名称、产品包装和装潢、商业秘密等权益的许可也包括在品牌授权的范围内。在品牌授权中，商标权的许可使用是核心。通过品牌授权，打通不同领域的跨界优势，可以使博物馆获得更大的发展潜力。例如，苏州博物馆将注册商标与内容资源结合进行授权。[1] 故宫博物院、中国国家博物馆、上海博物馆也都根据不同的文化资源优势开展品牌授权。博物馆的品牌发展路径既服务于博物馆的文化事业需要，也服务于博物馆参与文化产业的需要。而服务于文化事业需要是根本，也是最终目的。利用博物馆品牌，参与文化产业，最后应回归文化事业这一核心任务，最终的目标仍然是为了更持久、更完善地做好文化事业，履行公益性职能。

第一节　博物馆品牌与品牌授权风险

博物馆开展品牌授权项目，应防范品牌授权中可能出现的法律风险，对已经出现和可能出现的纠纷或侵权行为采取适宜的维权措施。

---

[1] 蒋菡，郁颖莹. IP授权模式下博物馆发展文化传播新业态的探索——以苏州博物馆为例[J]. 博物院，2021（2）：47-51.

一、博物馆品牌与博物馆商标的关系

商标是法律概念，是指具有识别商品或服务来源作用的标志。商标要素包括文字、图形、字母、数字、三维标志和颜色以及上述要素的组合。商标有注册商标和未注册商标之分。商标经核准注册成为注册商标后，享有商标专用权，可受《商标法》专门法保护。未注册一般商标不在《商标法》保护范围内，未注册驰名商标可获得相当于普通注册商标的保护。注册商标有效期十年，到期可续展，每续展一次，有效期可延长十年。只要及时进行续展，商标权可长期存在，而且可以转让和继承。商标权有国界限制，在中国获得注册的商标，并不当然拥有在他国的专用权。各国法律规定不尽相同，有注册在先取得制度，也有使用在先取得制度，在某个国家取得商标专用权，应按照该国法律规定进行确权。

品牌是市场概念，也是经营概念。早期品牌概念认为品牌是产品归属的标识，标识层面的品牌与商标并没有本质区别。经过市场经济的发展，品牌在所有权标识属性之外，也成为"个性化特征的重要载体或介质。"[1]品牌在策略和运营层面的意义指向构建主体与消费者之间的关系，侧重培育忠诚度、引导消费。品牌价值来自市场，源于目标消费者的信任、喜爱、忠诚和购买，其价值大小取决于品牌经营者和消费者之间对于品牌价值的传播与认知。[2]由于品牌可以作用于消费者认知，因此品牌被认为是具有经济价值的无形财产。品牌有时效性，其时效性由市场决定，受制于经营者的经营能力及产品质量等多方面因素。品牌不是法定权利，没有法定限制，因此没有严格的国界区分。一国的品牌进入其他国家，在不涉及注册商标的情况下，并不需要确权程序。

"博物馆品牌的实质是公众对博物馆整体的感知和印象，它是抽象的，在博物馆的实际运营过程中，品牌会慢慢随着公众的口碑和所带来的社会效

---

[1][2] 朱红亮. 品牌概念的发展嬗变［J］. 西北师大学报（社会科学版），2009，46（4）：118-120.

第六章　博物馆品牌授权

益逐渐形成。"❶ 博物馆品牌向大众传达的个性化特征与文化息息相关，尤其是与博物馆藏品代表的文化特征具有密切关联性。不同的博物馆品牌，无论其市场化程度如何，传递文化特征，并建立社会公众与特定文化之间的关系，培育社会公众对博物馆文化的追随和热情，增强博物馆与公众间的"粘性"，都是博物馆品牌化发展的目的。在经营层面，博物馆品牌提高消费者忠诚度；在非经营层面，博物馆品牌提高社会公众信任，拉近公众关系，增加观众对博物馆的利用率。构建品牌对公益一类博物馆和公益二类博物馆皆有助益。

博物馆的经营活动可以塑造品牌，扩大博物馆品牌影响力，但经营活动本身无法达到保护品牌的效果。保护博物馆品牌最终还是要通过法律途径，通过维护相应的法定权利和权益实现。例如通过保护商标权、著作权和专利权等权利以及有一定影响的商品名称、包装、装潢等法益，间接达到保护博物馆品牌的目的和效果。其中，商标权是品牌授权中最核心的权利，博物馆品牌获得法律保护的最重要的途径，是将品牌作为商标进行注册，获得专用权。"正是借助商标的法律作用，才使得品牌所产生的超过产品本身价值以外的利益得到保护。"❷ 商标是品牌的视觉识别，也是品牌的承载。品牌形象、品牌价值最终凝结在商标上。倘若商标保护未能及时同步，即使博物馆塑造了品牌，也最终无法获得长久的、健康的发展。博物馆通过商标保护最终求得品牌的良性健康发展，以品牌价值和品牌力量带动博物馆发展，使博物馆在文化事业和文化产业方面获得更加充足的发展动力，真正实现可持续发展。因此，博物馆商标权的应用和保护构成了博物馆品牌授权管理最核心、最重要的部分。除商标权外，品牌授权过程中还涉及商品外观设计专利权、著作权，以及商品名称、包装、装潢，商誉和商业秘密等法益。

---

❶ 王亚军. 博物馆授权语境下 IP 与品牌关系分析[J]. 博物院，2020（05）：96-101.
❷ 刘仁婧. 高仿包装要承担哪些责任？[N]. 北京日报，2019-10-16（014）.

二、博物馆品牌授权的风险

博物馆品牌授权管理应防范如下可能出现的风险：第一，被授权方由于对授权品牌的不当利用，产生或者可能产生对博物馆品牌的负面影响。不当利用，包括未按照授权约定使用博物馆商标、名称，将博物馆商标、名称或其他的品牌标识使用在约定以外的产品及服务上，以及对被授权产品或服务进行虚假、夸张宣传，或者宣传基调与博物馆身份不符，在被授权方与授权关系以外的第三方的合作关系中搭载其与博物馆的授权，造成第三方实际上的"搭便车"。无论这种不当利用是出于善意或者恶意，其对博物馆品牌的影响都是客观存在的。

第二，品牌授权管理体系不完善。授权渠道及标准多样化，同一个合作主体，可通过不同渠道与博物馆授权人员接洽，从中寻找以最低投入获得最大利益回馈的机会；立项评估不完整，对被授权方和项目可行性考核过于简单，或者碍于"人情"和"关系"，省略实际的评估和考核；对品牌授权项目的跟踪及监管不到位，没有专人或团队对项目执行进行跟踪，或跟踪监管不到位，未能及时发现问题，或者发现了问题未能采取有效措施进行干预，或者被授权方对博物馆的监督管理未给予及时反应导致博物馆的监督管理未产生实际效果。

第三，博物馆知识产权状态变化对品牌授权的影响。品牌授权中涉及商标权、著作权、外观设计专利等诸多知识产权。授权标的产权法律状态的变化，将对博物馆品牌授权产生很大影响。倘若授权标的出现产权瑕疵，则可能导致品牌授权关系无效等诸多问题，还有可能面临法律诉讼。前文提及，第三人对博物馆注册商标提起"撤三"和"无效宣告"诉讼，如果博物馆未能使注册商标维持有效法律状态，必然影响以该商标为授权标的的品牌授权。

第四，负面舆情的影响。树大必然招风，当博物馆品牌成为媒体和大众关注的对象时，服务中的细节有可能在互联网和数字媒体上被放大，也可能被误读，甚至被人有意拿来当作"吸粉"的工具。

第五，品牌授权越界——过度商业化对品牌形象具有极大的负面影响。越界的"界"是指法律及伦理对非营利机构经营活动的限制。因为博物馆属于非营利性文化机构，目前主流的观点认为博物馆可以从事部分经营活动，但仍需规制于法律和博物馆伦理的限度内，不可过度商业化。实践中，包括品牌授权在内的博物馆各类经营活动也是按照这个思路进行的。越界和跨界是两个截然不同的概念，跨界授权也是学界较为关注的论题，跨界泛指博物馆在不同领域间达成合作或发生关联，跨界品牌授权指博物馆将品牌授予非博物馆领域的合作方，在博物馆授权实践中占较大比例。跨界的品牌授权不能越界，博物馆的品牌授予非博物馆领域的合作方，但其立项准则和执行标准，仍然应落于博物馆的规制和标准内，不能超越应有限度。品牌授权越界，有可能对博物馆品牌形象产生严重的负面影响，原因之一是过度商业化容易将非营利机构和营利机构的界限变得模糊不清，长期发展下去，容易导致非营利机构以非营利之名行营利之实。非营利机构在政策、法律方面继续享受各种"照顾"，却无法充分履行公益机构职能，对利益的追逐逐渐替代公众服务的终极目标。当博物馆履职不当时，将直接影响公众文化权利实现。

第二节　博物馆品牌授权的特殊性
——政策限制与博物馆伦理约束

品牌授权在非营利领域具有特殊性。当品牌授权承载商业价值的同时还承载其他的内容，如在社会意义、文化价值的情况下，品牌授权便不再是单纯的商业行为和经济行为。品牌授权在博物馆领域的应用就是典型的例子，博物馆品牌授权除了考量法律和经济的因素外，还要考虑博物馆伦理的因素。博物馆属于公益性文化机构，是国家公共文化服务体系的组成部分，博物馆向社会提供的一切文化产品和服务，都应放在公共文化服务的视角下进

行考量。博物馆品牌授权是"通过产业化的手段更好地实现公共文化服务供给",❶文化价值和经济价值的均衡问题,是博物馆必须着重考量的。这是授权行业的一般企业不需要重点考量的问题。诚然,品牌授权能够为博物馆创造经济效益,但由于博物馆性质所限,其社会效益务必置于经济效益之前,对品牌授权的评估和管理,仍以确保社会效益为前提。

一、公共文化服务体系视角下的博物馆品牌授权 ❷

博物馆品牌授权日渐成为博物馆的重要业务之一。作为公益性文化单位,博物馆属于公共文化服务体系的一部分,符合公共文化的服务性、大众性、多功能性、非营利性等特征。❸在公共文化服务的大背景下,博物馆品牌授权应区别于一般的商业性品牌授权。博物馆应为品牌授权确定明确的目标、标准和监管要求,在授权过程中注重博物馆文化的传播和利用,注重满足社会公众差异化的文化需求,保障公民文化权利,适度平衡文化供给,兼顾不足地区的文化消费,促进实现文化共享。

(一)博物馆在公共文化服务体系中的作用

2016年发布的《中华人民共和国公共文化服务保障法》规定了公共文化服务,是指由政府主导、社会力量参与,以满足公民基本文化需求为主要目的而提供的公共文化设施、文化产品、文化活动以及其他相关服务。❹公共文化服务体系建设要求以政府为主导,以各级公益性文化单位为骨干,鼓励全社会共同参与,这一要求明确了博物馆在参与公共文化服务体系建设中的角色定位:博物馆作为重要的文化单位,属于公共文化服务体系建设的重要

---

❶ 杨毅,谌骁,张琳. 博物馆文化授权:理论内涵、生成逻辑与实施路径 [J]. 东南文化,2018(2):112-118.

❷ 王月芳. 公共文化服务体系视角下博物馆品牌授权管理研究 [J]. 中国管理信息化,2020,23(10):204-206.

❸ 刘敏. 公共文化服务——从均等化到品质共享 [M]. 北京:中国经济出版社,2019:2.

❹ 柳斌杰,雒树刚,袁曙宏. 中华人民共和国公共文化服务保障法解读 [M]. 北京:中国法制出版社,2017.

参与者，应结合博物馆的职能和资源，积极参与公共文化服务体系建设。博物馆参与公共文化建设的方式包括展览、教育、文化活动、文创产品、文化服务等多种形式。

（二）博物馆品牌授权是构建公共文化服务体系的一项重要内容

国家鼓励并支持公民、法人和其他组织参与公共文化服务体系构建。品牌授权以其跨行业、跨领域、跨地域和影响广泛的特点，能够在构建公共文化服务体系中发挥重要作用。博物馆品牌授权可以吸引更多社会企业、个人通过博物馆品牌授权而参与到公共文化建设中，提高文化供给水平，提高文化服务能力。

公共服务体系建设要求促进优秀公共文化产品的提供和传播。近十年，博物馆的文创产品在拉近博物馆与社会公众的距离，扩大社会公众对博物馆资源的利用方面发挥了积极作用，在博物馆文创产品中很大一部分比例为品牌授权产品或联合开发产品。博物馆品牌授权产生各种形式的文创产品和配套服务，有利于实现公众文化权利，使广大社会公众享受到多样化的文化产品和文化服务。博物馆品牌授权通过深度利用文物资源，结合博物馆品牌优势，借助社会企业的设计能力、加工生产能力、销售渠道和宣传推广能力，向全社会提供贴近公众需求的、富有创意性的、兼具实用性的文化产品，将文化与创意、文化与时尚、文化与公众需求匹配结合，发挥文物的文化功能，使其真正地回归社会，服务社会公众，实现公众的文化权利。

博物馆品牌授权产品区别于展览、讲座等文化产品，主要对应文化消费市场，兼顾文化消费和配套文化服务，主要目的在于满足各类文化消费群体的消费需求和服务需求。博物馆凭借文物资源和品牌优势开展品牌授权，符合国家"文物活起来"的政策要求，能够充分发挥增进文化认同，坚定文化自信，凝聚国家发展力量的重要作用，充分体现了博物馆用好文化、活化历史的职能。

从文化产品的提供和传播角度评估，博物馆品牌授权产品相比旅游纪念品等一般文创产品，更容易发挥多样化文化供给和文化传播的作用。品牌授权的合作方来自互联网、科技、美妆、日用品、玩具、文具等不同领域，更容易实现跨界融合，更容易产生差异化文创产品。借助博物馆的品牌优势，品牌授权产品更易吸引社会关注，获得公众的信任，因此具有更大的社会影响力和传播力。如果合作方的品牌也是知名品牌，可采用双品牌联合，双品牌联合下的品牌授权产品传播力更强，影响力更大，更容易形成社会效益。

（三）公共文化服务体系下的博物馆品牌授权

公共文化服务视角下，博物馆在品牌授权中的角色定位是文化资源及文化品牌的提供者，是吸引全社会力量共同参与文化建设或文化活动的组织者，发挥着引导众多合作企业共同扩大文化创意产品供给，丰富文化创意产品的种类和数量，提高品牌授权产品品质的重要作用。在博物馆品牌授权过程中，博物馆借助已有的品牌优势，向社会输出文化资源，并对文化资源的理解和使用提供指导，帮助合作方以适宜的方式和方法利用博物馆的文化资源。

与普通商业品牌授权相比，公共文化服务体系下的博物馆品牌授权的不同在于，需评估经济效益的同时考虑文化效益和社会效益，兼顾品牌授权产品在经济基础较弱地区的覆盖情况，强调文化的服务性质。在公共文化服务体系的要求下，博物馆应明确品牌授权标准，强调社会责任，调动更多社会企业和消费者共同参与，平衡社会整体需求，丰富文化供给，借助品牌授权产品和展销渠道宣传博物馆文化。

1. 强调社会责任

为保证品牌授权的文化服务属性，博物馆首先应当明确品牌授权的标准和规范，筛选适合的合作方依照博物馆的标准和规范开展品牌授权，确保品牌授权项目结合社会需求，有效丰富文化供给，扩大品牌授权产品的影响力，优化博物馆品牌形象，进而提高博物馆文化的影响力。

品牌授权的标准包括立项标准、执行标准、授权产品及服务标准和监管标准等。商业性的品牌授权通常以利润作为衡量品牌授权是否可行及执行效果的标准。博物馆公益单位的属性决定了博物馆品牌授权不能完全参照普通商业授权的标准衡量是否可以立项及如何开展业务。公共文化服务体系下，要求博物馆对能够覆盖文化供给薄弱的地区和消费能力较弱地区的品牌授权项目，适度放宽条件或提供便利，鼓励合作企业对贫困地区进行帮扶或资助。博物馆应鼓励合作企业积极举办相关活动，吸引公众参与，进行文化分享。博物馆品牌授权产品除了应当符合一般商品的实用、安全、科学、美观、环保、节约的要求和国家强制性标准外，还应当考虑特殊群体的需求。而且，博物馆应具备完善的客户服务和售后服务系统，认真对待社会投诉和消费者建议，为公众享受博物馆品牌授权项目的相关服务提供便利。博物馆应加强对品牌授权项目的监管，做到依法授权、有效运营，保证博物馆文化事业和文化产业协调健康发展。

其次，博物馆可带动合作方承担更多的社会责任，为社会提供文化服务，开展公益活动，甚至可以将社会责任作为合同的责任条款，约束合作方履行责任。

2. 文化资源的选择应考虑普适性，以利于全社会参与

博物馆资源涉及人类历史的方方面面，公共文化服务体系下要求品牌授权产品适应社会、大众文化的需求，带动社会参与。因此，博物馆品牌授权在资源选择方面应考虑文化资源的普适性，以利于带动全社会共同参与。文化资源选择适当，一方面能够使社会企业更容易找到与博物馆品牌合作的契合点，提高品牌合作的可行性；另一方面能够使品牌授权产品的文化元素更容易被大众读懂和接受，增加品牌授权产品的市场占有率。

3. 综合考虑社会整体需求和品牌授权产品的目标群体定位

文化需求是分层次、多元化的。文化发展的多样化促成了文化需求的多样化，服务对象的多样化使文化需求多样化特征更为显著。随着全国经济的进步，原本没有文化需求的地区和大众也开始产生文化需求，也成为博物馆服务的对象。博物馆品牌授权产品也应是多样化的，以满足公众差异化的文化消费需求。博物馆品牌授权过程中注重多种形式、多领域的合作，丰富产品形式和种类，进行全面的品牌授权产品布局。

为实现公共文化服务体系建设在全国各地的协调发展，博物馆品牌授权应考虑各个地区、各级消费群体的消费偏好，综合考虑品牌授权产品布局，针对不同社会群体开展不同的品牌授权项目，根据不同项目内容，调整授权

地域范围，结合品牌授权产品定价和销售区域消费水平，考虑项目的地区适应性，提高针对性。

4. 丰富文化供给

文化供给主要分为文化产品供给和文化服务供给两类。博物馆品牌授权以提供授权文创产品为主，兼顾提供配套文化服务。由于博物馆品牌授权的跨界合作性质，授权产品并不局限在某几类产品，甚至可以涵盖衣食住行各类别。博物馆可在分析公众需求的基础上，使品牌授权产品和服务多样化，提供综合性文化供给，适度提高文化供给量，注重科技与文化的融合，充分发挥科技在文化产品和文化服务方面的优势，运用现代信息技术和传播技术，加大科技产品、多媒体类产品、互联网产品等新兴形态产品的授权合作。

5. 借助品牌授权产品宣传引发社会对文化的关注

博物馆新的文创产品的发布，尤其是跨界合作类的文创产品，如美妆产品、食品、电子产品等，往往会引发社会公众对博物馆的高度关注。在博物馆跨界性质的合作中，品牌授权是主要的合作形式。例如，与故宫博物院品牌合作的小米手机，与几大博物馆广泛合作的京东电子商务、天猫等，合作双方的品牌在已有影响力的基础上互相叠加，对合作双方的品牌知名度、产品知名度、市场占有率等均有积极影响。博物馆在获得社会关注的同时，也能够达到文化传播和品牌宣传的目的。

因此，博物馆应着力利用新品发布、促销活动等热点事件加大博物馆文化传播，借助博物馆品牌授权产品引发社会对文化的关注，发挥品牌授权项目热点效应。博物馆品牌授权产品宣传结合文化传播，讲好文化故事，利用各种媒体做好博物馆文化资源推广，利用网络扩大文化及产品的宣传，促进文化传播，服务普通社会公众，同时扩大博物馆影响力，吸引更多的合作方，进一步建立更加优质互利的品牌合作关系，形成良性循环。

6. 注重品牌授权产品展销渠道的建设

博物馆品牌授权应当紧密结合博物馆文化服务和文化传播的要求。品牌授权产品的销售和推广需要依靠博物馆和合作企业双方的力量，合作企业在各地区的营销能力和推广能力将在较大程度上影响整体品牌授权项目和品牌授权产品的影响力,也将在一定程度上影响博物馆品牌及博物馆文化的传播。博物馆应仔细评估合作企业在各级地区的终端建设能力和影响力,鼓励合作企业打造专门的展示空间或销售网点,指导合作企业在推广品牌合作产品过程中突出文化元素,发挥文化作用。为博物馆授权项目而建设的展示和传播终端,应突出文化氛围,进一步发挥文化的感染力和影响力。

博物馆作为重要的文化单位,属于公共文化服务体系建设的重要参与者。博物馆品牌授权是公共文化体系建设的重要内容,在公共文化服务体系要求下,博物馆品牌授权应注重满足社会公众文化需求,保障公民文化权利,适度平衡文化供给,促进实现文化共享。在实践中,博物馆应明确品牌授权标准,强调社会责任,调动更多社会企业和消费者共同参与,平衡社会整体需求,丰富文化供给,借助品牌授权产品和展销渠道宣传博物馆文化。

二、博物馆品牌授权的多维限制

品牌授权属于博物馆经营和文化产业范畴,与文化事业相对,与博物馆传统业务具有较大的差异性。博物馆开展品牌授权业务,既应遵循法律法规的规定,同时也应符合相关政策和博物馆伦理的要求。博物馆品牌授权属于博物馆经营活动之一,法律法规、政策和博物馆伦理对经营活动的约束,也构成对博物馆品牌授权的约束。

(一)法律与政策限制

我国目前尚无针对博物馆经营的专门立法。与博物馆关系最为密切的《中华人民共和国文物保护法》(以下简称《文物保护法》),涉及博物馆经营的内容有限,仅规定国有和非国有可移动文物的转让、抵押问题和文物保护单位不得作为企业资产经营等问题。为规范国有文物保护单位的经营活动,2011年国家文物局发布了《国有文物保护单位经营性活动管理规定(试行)》,该规定应是目前涉及博物馆经营的唯一具体的文件,规定包括博物馆在内的国有文物保护单位的经营性活动,旨在提高社会服务能力及水平,更好地满足于公众需求，鼓励开展与自身性质、任务相适应的服务类经营活动，要求经营性活动的内容和规模应当与文物保护单位的文化属性和承载力相适应，并且规定经营性活动的收入实行"收支两条线"管理方式，仅用于文物事业发展。同时，禁止五类有违法律法规和博物馆伦理的经营行为，包括：背离公共文化属性、对公众设置准入门槛；将文物保护单位作为企业资产经营的；租赁、承包、转让、抵押文物保护单位，以营利为目进行商业开发；妨碍公共安全，对文物保护单位造成安全隐患；其他违背法律法规情形的。

2012年，国务院发布《关于进一步做好旅游等开发建设活动中文物保护工作的意见》，其中指出文物旅游景区经营性收入应优先用于文物保护，要求文物保护单位管理机构加强资金管理，提高资金使用效益，❶为作为旅游景区经营的博物馆在经营收入使用方面提出了要求。

2015年，国务院发布《博物馆条例》，其目的在于"促进博物馆事业发展，发挥博物馆功能，满足公民精神文化需求，提高公民思想道德和科学文化素质"。❷从《博物馆条例》的内容分析，"鼓励博物馆多渠道筹措资金促进自身发展"，"国家鼓励博物馆挖掘藏品内涵，与文化创意、旅游等产业相结合，开发衍生产品，增强博物馆发展能力"，肯定了经营促进博物馆发展能力的积极作用。《博物馆条例》第十九条规定"博物馆从事其他商业经营活动的具体办法由国家文物主管部门制定"，相当于授权国家文物主管部门制定具体的商业经营活动管理办法。在此基础上，2016年国家文物局出台《关于推动文化文物单位文化创意产品开发的若干意见》，充分体现了对文创产品开发的支持和鼓励态度，但不涉及除文创产品开发之外的其他商业经营活动。2016年国务院下发《关于进一步加强文物工作的指导意

---

❶ 北京市文物局官网. 国务院关于进一步做好旅游等开发建设活动中文物保护工作的意见（国发〔2012〕63号）[A/OL].[2018-01-23]. http://wwj.beijing.gov.cn/bjww/362760/362767/556574/556577/556739/index.html.

❷ 中国政府网. 博物馆条例[A/OL].[2015-03-02]. http://www.gov.cn/zhengce/2015-03/02/content_9508.htm.

见》，强调文物资源的合理拓展利用，促进经济社会发展服务，发展文物旅游和文博创意产业，促进文博创意产业链条化发展，鼓励以市场方式实现文物活化。

《博物馆条例》应是目前博物馆开展经营的最高效力依据。根据《中华人民共和国立法法》，《博物馆条例》由国务院制定，属于行政法规，其效力低于法律。国务院和文物局的各类《意见》内容较《博物馆条例》更为具体，大多属于指导意见或政策性文件，能否上升到法律法规效力仍然具有较大争议。国有博物馆属于事业单位，受《文物事业单位财务制度》约束。博物馆在其经营仅有法规依据而无法律依据，又受事业单位财务限制的情况下，品牌授权等经营收益及其使用的合法合理性较难得到充分保障。

（二）伦理约束

博物馆品牌授权等经营并非独立于博物馆之外的事物，而是博物馆职能的组成部分，同时受博物馆伦理的约束。在博物馆伦理的约束下，博物馆经营有别于一般的市场经营活动：博物馆经营活动以社会效益为中心，兼顾经济效益；经营统一于博物馆整体、长久、稳定和可持续发展；经营服务于社会公众需求，服务于公共文化利益。

品牌授权等经营活动本身的社会效益问题是最核心的伦理问题，品牌授权等经营活动的社会效益，应从四个方面理解：第一，强调社会效益，要求博物馆作为文化服务和教育单位角色参与社会经济活动，发挥知识传承和构建的作用，履行博物馆职能。第二，博物馆承担着促进公共文化权利实现的职责，是政府公权力对公共利益维护的一种补充。在参与经营活动的过程中，辅助实现公民文化权利，促进完成国家文化建设和经济文化协同发展目标，同样是博物馆的职责范畴。第三，博物馆的文化和教育机构身份，为博物馆在公众心中增添了信任，品牌授权等经营活动不得减弱这种信任，提供的产品和服务的品质应优于社会类似产品的平均水平，并且具有较高的内容内涵。第四，品牌授权应符合博物馆整体发展路线，社会效益优先于经济效益。

博物馆伦理不排斥市场经营活动，但规制品牌授权等经营活动统一于博物馆可持续发展目标之中，服务于博物馆文化事业，确保公众从博物馆经营中获益。博物馆经营既区别于企业的经营，也区别于其他非营利机构的经营。与企业相比，博物馆经营追求以社会效益为首要目标，不以利润回报率作为终极目标，通常认为经营利润应划入事业经费进行统一预算管理，主要用于文化事业。过度追求商业利润和投资回报率，是过度商业化的表现，难容于博物馆伦理。与一般非营利机构相比，博物馆经营应符合博物馆独有行为准则和方式，具有博物馆文化的特殊意义——基于独特文化资源，并有益于人类知识的建构和传承。

博物馆品牌授权等经营活动，应紧密围绕博物馆资源，如馆藏资源、专家研究而形成的智力成果资源等，注重学术成果资源的对外输出，使博物馆的品牌授权产品、服务具有较高的文化附加值和传播力，实现知识分享和文化传播。

博物馆品牌授权应定位于服务社会公众需求，服务于公共文化利益，这是博物馆伦理限制下各类经营的最终目标。从具体经营活动分析，博物馆品牌授权仅服务于消费者、被授权方，但从博物馆与社会关系的角度看，博物馆品牌授权是服务于整体社会需求和公共文化利益的。例如，博物馆品牌授权丰富文化产品和服务供给，增加公众与博物馆"接触"的机会，拉近博物馆与公众的关系，消除公众与博物馆之间的"障碍"，实现博物馆智力成果多种方式的转化利用和博物馆智力成果效用最大化，这也源自博物馆伦理的内在要求。

三、博物馆品牌授权实践存在的问题和解决路径

（一）博物馆品牌授权存在的问题

在博物馆品牌授权实践中出现的问题，既包括伦理问题，也包括法律问题。对实践中存在的问题进行分析，有助于博物馆防范法律风险，维护自身权益，确保品牌授权按博物馆伦理要求的方向发展。

第六章 博物馆品牌授权

1. 管理能力滞后于发展速度，过度依赖被授权方，失去主导权和控制权，法律风险增加

失去主导权和控制权，易使博物馆面临巨大的法律风险。受历史因素和国家政策的影响，博物馆长久以来都不是经营的主体，不具备相应管理经验，对经济规律、市场变化缺乏敏锐性和快速反应能力。而法律和政策的调整为博物馆提供了良好的发展环境，随之产生的问题是，博物馆对品牌授权项目的管理能力明显落后于实际需要，导致在开展品牌授权项目的过程，或者是在一定的发展阶段可能过度依赖被授权方，或者希望被授权方承担更多的经营风险。被授权方（尤其是社会企业）为了获取利益或规避风险，可能以牺牲社会效益换取经济上的安全保障。国家通过政策推动博物馆领域公共服务市场化改革，鼓励广泛社会力量参与博物馆展览、教育和文创开发，❶其中的重点和难点并不仅在于如何动员社会力量参与，更重要的问题是在社会力量参与的情况下，国有博物馆如何保持应有的独立性和对品牌授权项目的主导权、控制权。

2. 知识产权私权保护扩大化，限制公共文化权利

文化公共性本属于博物馆伦理范畴，但法律法规的制定将保障公共文化权利变为博物馆的法定义务。《博物馆条例》第十九条规定博物馆从事其他经营活动不得损害观众利益，其中的观众利益就包括公共文化权利。博物馆领域 IP 授权❷渐成趋势，促使各级博物馆更加重视知识产权保护。博物馆对自身知识产权进行保护和强化同时，有可能忽视了公众的公共文化权利。例如，对文物影像资源著作权的强调和保护，容易使博物馆过于重视影像资源的著作权归属，而忽略或削弱满足公众欣赏、利用、学习的需求和权利。各级国有博物馆管理的文物归国家所有，国家所有即全民所有，博物馆代国家管理文物，属于国家文物的所有权不因其保管、收藏单位的终止或者变更而

---

❶ 国家文物局. 关于推进博物馆改革发展的指导意见［A/OL］.［2021-05-24］. http://www.ncha.gov.cn/art/2021/5/24/art_722_168090.html.

❷ IP 为"Intellectual Property"的缩写，即"知识产权"。博物馆领域 IP 授权主要指以商标权、著作权为主的授权。

改变。❶ 因此，从物权的角度看，国有博物馆文物所有权属于全体人民，博物馆并不享有文物的物权或所有权，而知识产权是智力成果的集合，具有私权属性。因此，在全民所有的物权与博物馆知识产权私权之间存在着矛盾和冲突。二者的冲突，在法律范围内的调整，公共利益优先于单一主体私权，即法律在保护各个主体知识产权私权的同时，仍以保障公共利益为前提条件。例如，《商标法》第十条第一款中规定了禁止作为商标使用的八种标志，并设置用于约束八种标志之外的"其他不良影响"条款，防止商标注册对正常的社会秩序、道德观念产生负面影响，维护社会公共利益和公共秩序。《著作权法》第二十四条规定基于保护公共利益和公共权利而对著作权作出的权利限制，包括"个人学习、研究或者欣赏""学校课堂教学或者科学研究""对设置或者陈列在公共场所的艺术作品进行临摹、绘画、摄影、录像""以阅读障碍者能够感知的无障碍方式向其提供已经发表的作品"等。

鉴于博物馆的公益属性，博物馆在保护知识产权私权的同时，仍应以保障公共文化权利作为前提。博物馆对文物资源的管理、保护、研究和利用，皆应以惠及全体人民为目标，不宜牺牲或减弱公民的文化权利。除了参观博物馆的展览，公民合理的文化权利还表现为利用博物馆藏品影像欣赏、学习、研究相应的知识，参与博物馆文化活动，个体或团体基于研究的目的免费获取博物馆特殊资源的机会。博物馆保护智力成果，重点在于防止他人将博物馆的智力成果据为已有或利用博物馆的智力成果获取不当得利，应区别于公众的合理利用。

3. 传统业务与经营两层皮式发展，品牌授权偏离博物馆意义

如前所述，博物馆各类经营经营受博物馆伦理的约束，无论是向社会公众提供产品或服务，抑或是向社会企业提供合作及授权的机会，只要博物馆作为经营的主体，那么必然应当有助于人类知识的构建和传承。知识可以是优秀传统文化中的"思想理念、价值标准、审美风范"，可以是"中华文明起源和发展的历史"，可以是中华文明取得的任何灿烂成就及其对整个人类

---

❶ 李晓东. 文物保护法概论[M]. 北京：学苑出版社，2002：71-72.

文明的任何重大贡献，可以是任何能够"启迪后人"的思想理念。[1]不同类型博物馆所能提供的"知识"各不相同，但在"有助于人类知识的构建和传承"方面的作用应该是相同的。这一点应是博物馆作为"博物馆"，作为文化教育职能的公益机构的共性所在，这也形成了博物馆经营与社会企业经营的最本质差异。

无论在博物馆的管理、实践抑或研究方面，品牌授权等经营与保管、展览、教育等传统业务是截然分开的，这由各方面工作的不同专业性需求以及管理便利性需求所决定。从人员专业背景和工作内容的专业性需求来讲，经营工作的确需要"懂经营"的人员负责，而懂经营和懂传统业务的人员往往不产生交叉，懂经营的人员不懂传统业务，懂传统业务的人员不懂经营，工作内容差距大，关联小，加之分属于不同的部门或归属于不同的领导进行管理，沟通交流非常有限，造成经营与传统业务分层。这种情况下，博物馆的品牌授权等经营活动和经营项目，容易偏离博物馆整体发展路线，偏离博物馆意义。

目前博物馆领域正在不断提高人才队伍的专业化水平，通过人才引进和培训等方式提高专业化水平和整体业务素质。经营人员结构也逐步向专业化发展，职工招聘考虑到经营、管理、设计专业人才或复合型人才的需求，同时对经营岗位职工提供经营业务培训。但是对经营人员的培训往往未能充分结合藏品、展览、教育等基本业务内容，而且由于思维惯性的影响，经营人员往往从定价策略、目标人群设定、利润回报率等角度对品牌授权项目和经营活动进行评估和裁量，对社会效益的评估不足。追求回报更多表现为对经济收益的强调，容易忽视对社会效益的要求，形成传统业务强调社会效益，品牌授权等经营追求经济效益的两端化发展。

4. 产品及服务研发参照市场产品，忽视产品和服务的博物馆标准

博物馆伦理要求品牌授权等各类经营服务公众文化需求，服务于公共文化利益。参照一般市场标准的产品和服务，难以打造符合博物馆伦理要求

---

[1] 国家文物局. 关于推进博物馆改革发展的指导意见［A/OL］.（2021-05-24）［2021-09-20］. http://www.ncha.gov.cn/art/2021/5/24/art_722_168090.html.

的产品和服务。经营性产品和服务的博物馆标准，源于博物馆的特殊性。一方面，博物馆伦理要求博物馆的产品和服务应注重文化内涵，应有助于人类文化传承和知识构建，实现知识分享和文化传播；另一方面，这也是公众对博物馆的产品和服务的要求。博物馆产品打动消费者的第一要素往往不是产品功能，这是博物馆作为产品提供者与企业最大的不同。博物馆的产品和服务打动消费者使其付费，第一要素在于内容，消费者为博物馆的文化性、权威性买单，博物馆品牌的形象和吸引力也在于此。博物馆通过品牌授权等履行职能，进一步发挥教育传播功能，势必需要内容内涵的适度融入。博物馆的产品和服务，除了质量符合国家强制性标准外，更需具备高于强制标准的产品质量和内容内涵。内容内涵不在国家强制标准之列，加之内容内涵也较难通过量化标准予以衡量，经营实践中把控内容内涵对各级博物馆皆是考验。

5. 公众信任危机

品牌授权等经营活动不得减弱公众对博物馆的信任。公众对于博物馆的信任来自博物馆作为文化和教育机构的权威性，在某种程度上，这种权威性使博物馆经营更具优势，或可增加公众对博物馆产品和服务的天然信任。不当经营也会破坏掉这种信任，当博物馆品牌授权等经营活动无关知识的构建和文化的传承，或经营的经济效益超越社会效益占据首要地位，或经营活动对文物资源不当利用、经营收益超范围使用，或博物馆对经营监管不到位，产品和服务的品质低、性价比低，对经营所作的宣传和推广手段和方式不当等，都会使社会对博物馆的关注聚焦于某一点，并引起公众对博物馆的质疑。博物馆的品牌化进程在某种程度上加重了舆情风险与信任危机，博物馆的知名度随着品牌推广而提高，更容易引起媒体和公众关注，加之网友、自媒体的话题炒作，极易造成系列负面评价，带来的后果不仅是公众对博物馆产品和服务的质疑，甚至可能产生对博物馆的整体否定。

（二）解决路径

从博物馆层面而言，品牌授权中涉及问题的解决路径，一方面可利用制度建设，内化于博物馆的经营规范，形成博物馆人的认同感和自我约束力；

第六章　博物馆品牌授权

另一方面，可通过订立合同，形成对被授权方的法律约束力，以维护博物馆权益。

1. **保持博物馆独立性，通过制度构建和合同约定实现对品牌授权项目的控制权**

博物馆应保持品牌授权等经营的独立性，减弱对外部力量特别是合作企业的依赖。经营不是博物馆的"特殊地带"，即使是在博物馆经营领域，也应该保持博物馆的特征和价值，经营也应遵从博物馆的使命、原则和社会责任。企业以谋利作为其存在和发展的基础，企业与博物馆的合作必然是寻求某种利益的交换，可能是为了"社会责任担当"的形象，可能是借博物馆文化权威机构的形象增强消费者信任，也可能是为了借博物馆 IP 以获取更大的利润或是获利的机会。博物馆应清楚地了解被授权方的诉求，并知道哪些诉求可以满足，哪些诉求不可满足，引导被授权方重视社会责任，共同聚焦社会发展和广大公众的文化利益。

博物馆对品牌授权项目的控制权，应通过制度建设予以明确，并在博物馆内部贯彻执行。制度建设包括制定原则、具体的操作流程和规范，要求博物馆掌握对品牌授权项目的控制权，这属于原则；而如何落实以保证遵守该原则，需要依靠具体操作流程和规范。在制度建设中同时明确原则和操作流程规范，有助于博物馆管理者和从业人员清晰地理解如何实现博物馆对品牌授权项目的控制权。在商务谈判初期，即应向对方明示博物馆对控制权的要求，在商务谈判中始终以坚持控制权作为底线，将博物馆对产品、服务及宣传的审定权、对方违约情况下博物馆的单方解约权及要求赔偿的权利等条款纳入合同，形成法律约束力，并在实践中对合同执行情况进行监督。

2. **通过知识产权授权及维权制度对公共文化权予以保障**

博物馆维护知识产权的同时，应对公共文化权利给予制度保障，对研究、欣赏和学习为目的知识产权利用"留口子"。通过制定知识产权制度，对以商业利用为目的、可获得经济收益的利用和为满足研究、欣赏、学习为目的且无收益的非商业使用实行不同的授权制度。提高知识产权保护的技术手段，同时提高公众可通过互联网浏览的信息量，在技术限制下载和再利用的同时，逐步增加可向公众开放的数字资源。打击其他主体不当注册和存在"搭便车"行为的近似商标，保证商标监测及维权资金的供给。对公益性质合作项目的商标许可使用提供制度支持，并对许可使用费用给予减免。无论基于营利性项目抑或公益性质项目，无论授权费用多少，博物馆与被授权方签订的合同，对被授权方或被许可方的授权许可的内容、范围、时间、责任约定皆应细致具体。即使对于非商业使用或公益性项目在授权费用方面给予特殊照顾，但权限和责任约定（例如，被授权方不得再次授权第三方）仍应统一，以达到保障公共文化权利的同时不损害博物馆权利的目的。

3. 通过制度建设促进传统业务与品牌授权等经营业务融合式发展

在品牌授权项目中，建立馆藏研究人员参与制度，减少和纠正品牌授权与学术研究两层皮的问题，实现经营部门与业务部门互通联动。将学术研究成果主动运用于品牌授权项目中，转化于产品及服务中，形成产品、服务和项目的文化特色，使品牌授权保持博物馆意义和博物馆特色，使博物馆的科学研究或学术研究在品牌授权项目中有所体现。将研究"深入"并"浅出"于产品或服务，以适度的信息量附着于产品或服务上，保证公众对"知识"的有效接收，避免过度的信息量导致理解障碍。

4. 建立适合博物馆具体情况的品牌授权标准，通过合同义务将博物馆标准确定为双方共同遵守的标准

博物馆的品牌授权应有一套区别于企业或其他社会机构的标准体系，以保障博物馆的品牌授权业务发展均衡而适度，并且符合服务社会文化需求和公共文化利益的最终目标。博物馆品牌授权的标准体系应包括立项标准、产品标准、服务标准和宣传标准。标准的制定应充分体现博物馆特征和属性，对"知识的构建和传承"给予充分的"关照"。从立项评审到验收审核，博物馆应保留最终审定确认的权利，并坚持博物馆既定的标准。最终审定权和相应的标准，应通过权利义务条款和违约责任条款确定于合同内。通过签订合同，以双方意思自治的方式，使其具备法律强制效力，并通过违约条款设置解除合同、支付违约金等不同程度的违约责任。在法律规定的范围内提高违约成本可相应增加对方自觉履行合同的概率。对品牌授权项目实施动态监

管，以掌握约定标准的执行情况。同时，了解合作方的企业整体运营情况和资金运转情况，如对方无法按照约定的标准继续履行合同，可及时解除合同以降低对博物馆的不良影响。

5. 建立舆情监控与应对体系，优化博物馆品牌以增强公众的信任

品牌与宣传推广密不可分。宣传推广是为博物馆品牌创造知名度的过程，从无人知晓到广而告之或口口相传，这对任何机构都是至关重要的。公众容易受到舆论的影响，而不当宣传或舆论皆容易影响公众对某个博物馆的信任和评价，为了避免宣推不当而引发公众信任危机，博物馆及被授权方应于合作前就媒体的选择、自媒体的利用、产品及服务的宣推方式等达成共识，提前规避意识形态问题，确定宣传基调。双方洽谈过程中对宣传推广所形成的共识，应纳入合同，通过合同义务增强法律约束力。

舆情应对不是在发生舆情之后的应激反应。博物馆应积极建立舆情监控体系，提前制定快速反应预案，以应对舆情危机。信任危机往往起始于个别的负面评价，在网络和新媒体时代，个别的负面评价持续"发酵"，足以引发全社会范围的信任危机。负面评价是否会引发信任危机，取决于博物馆能否快速和妥善应对。认真对待与媒体的关系，积极地接受公众监督，诚恳地对待公众的质疑，妥善而艺术地处理发现的问题，往往比回避和沉默更可取。增强公众对博物馆的信心，非一日之功，博物馆应积极正面宣传，主动塑造和维护良好的品牌形象，良好的品牌形象可以增强公众信任，提高博物馆的"抗风险"能力，当存在负面评价的时候，品牌形象能够使公众冷静地对待这些评价，从而减弱负面评价的消极影响。

第三节　博物馆品牌授权涉及的其他权益保护

博物馆品牌授权是以博物馆商标权许可为核心内容的综合性授权。博物馆的品牌权益，包括权利部分的商标权、著作权、专利权以及法益部分的商誉，商品名称、包装、装潢，商业秘密等。权利通过法律赋予，《商标法》

《著作权法》《专利法》以特别法的形式,对相关主体的商标权、著作权、专利权予以确认。而法益部分,如商誉、商品名称、包装、装潢、商业秘密等,通过《反不正当竞争法》《广告法》等提供法律救济,其保护手段更接近于事后救济,当损害发生后或者有证据证明利益会受损时可获得保护。当博物馆的品牌权益受到侵害或负面影响,可根据具体的情形,主张不同的权利救济,或要求保护不同的法益,从而获得法律救济。

一、著作权保护

博物馆的品牌形象多与博物馆的藏品资源及其特色相关。品牌授权申请方,即被授权方经常需要博物馆提供资料,用于品牌授权中的产品研发、宣传推广等。这些资料有可能是博物馆藏品的数字影像(照片、视频)、藏品数字化采集后生成的衍生产品(如多媒体课件、节目)、研究报告、学术资料、产品设计图、宣传海报、宣传视频等。因此,博物馆品牌授权中包括了基于藏品资源而产生的著作权许可的相关内容。品牌授权中的著作权保护主要涉及两个方面,即博物馆应确保所许可的著作权归属无争议、被许可方(被授权方)应规范使用被许可内容并遵守关于许可合同中的保密义务。

1. 博物馆著作权

著作权是著作权人对作品所享有的人身权和财产权的总称。《著作权法》为"作品"意义上的著作权保护提供法律依据。根据《中华人民共和国著作权法实施条例》第三条的规定,"著作权法所称作品,是指文学、艺术和科学领域内具有独创性并能以一定形式表现的智力成果"。公民、法人及非法人组织皆可作为著作权法保护的主体。博物馆作为事业单位法人,依法享有相关的著作权益。博物馆的智力成果中,符合《著作权法》"作品"规定的,受著作权法保护。

"世界知识产权组织发布的《博物馆知识产权管理指南》将博物馆的著作权保护范围界定为:博物馆藏品中文物或艺术品的照片影像资料;音频记录和出版物,例如CD;视听作品;CD上的或可以通过互联网获权的多媒体产品;印刷的或电子的出版物和教育资料;藏品的数据信息。"❶有观点认为"依据著作权法的基本原理,独创性体现为个性、多样性、区别性","博物馆对藏品拍照形成的照片,一般属于对藏品的复制,不构成摄影作品。根据中国现行著作权法,如果不构成摄影作品,则不能受到著作权法的保护。如果他人对该照片再次进行复制、发行或者通过信息网络传播,则博物馆无权依据《著作权法》加以制止。"❷另外一种观点认为,对立体文物如石雕,摄影产生的作品包含摄影师对灯光、景深等因素的独特把握,可以被认为具有独立著作权,但是认为博物馆平面藏品拍照、扫描产生的数字影像,因复制产生,不具有著作权法上"作品"的独创性要求,不具有独立著作权。

总之,基于博物馆藏品而产生的影像资源,博物馆是否具有独立著作权存在争议,品牌授权中涉及著作权许可务必谨慎确定权利归属。权利归属争议是品牌授权中涉及著作权许可的主要风险,权利归属争议容易导致博物馆品牌形象受损。

2. 博物馆著作权登记

具备条件的博物馆,可积极进行著作权登记。根据1994年通过的《作品自愿登记办法》的规定,作品应根据作者的意愿登记。博物馆作品是否登记,不影响著作权的产生。登记内容作为著作权归属的初始证据,是对著作权的确认,而非赋予著作权。著作权登记对博物馆的权益维护有一定的积极意义,当发生侵权纠纷时,举证更加容易,权利的归属更加明晰。但是著作权登记时,"独创性"的审查标准较低,对独创性的要求更不等同于首创性,更多的是保护作品表达的独创,并非思想层面的独创。所以在实际登记审核中,与博物馆作品相似的作品,如部分模仿博物馆文创产品的商品,由于设计中加入了他人的思考、改编、再造,可被认定为他人创造性劳动后的新成果,往往也可以由他人进行著作权登记,也这在一定程度上增加了博物馆著作权的独创性保护的难度。

---

❶ 黄哲京. 博物馆影像资料著作权探讨——以故宫博物院为例[J]. 广州文博, 2017(1): 349-372.

❷ 兰国红. 博物馆藏品影像化的法律风险及其应对[J]. 中国博物馆, 2018(1): 3-7.

3. 博物馆藏品及其衍生品的著作权归属和许可使用

品牌授权中如涉及著作权许可问题，首先应判断权利归属。博物馆拥有所有权的藏品，并不当然具有著作权。例如，中国革命历史博物馆（现中国国家博物馆）收藏董文希名画《开国大典》，1999年将其著作权授权上海某艺术工艺品有限公司，用于制作、发行缩版纯金箔画。2000年，董文希的子女起诉中国革命历史博物馆和上海某艺术工艺品有限公司，要求停止侵权行为并赔偿经济损失。法院审理后认为，中国革命历史博物馆仅享有原作的展览权，被判予上海某艺术工艺品有限公司立即停止侵权行为，共同赔偿原告经济损失26万元，并公开道歉。❶另外，"2004年孟昭瑞诉中国人民革命军事博物馆（未经原告作者的许可，被告擅自使用其摄影作品，侵犯了原告作者的署名权）"，"2010年全景视拓公司诉北京民俗博物馆（未经原告作者的许可，被告擅自使用其摄影作品，侵犯了原作品创作者的保护作品完整权）"❷皆提示博物馆应注意著作权归属和利用的问题。

对于仍在著作权保护期藏品的衍生品，博物馆是否可以对外授权不能一概而论。第一种衍生形式是复制品。按照现行的《著作权法》规定，博物馆为陈列或者保存版本的需要，可以复制本馆收藏的作品。但这种衍生品的用途仅限于"陈列或者保存版本"。第二种衍生形式，由博物馆再创造产生，其独创性可以达到著作权法"作品"意义的衍生作品。例如对馆藏佛像、玉雕拍摄而成的摄影作品，或者以新技术形成的具有互动效果"穿衣"体验游戏，因"具有独创性而与原作品相区别，受著作权保护"，❸博物馆对外授权，当无争议。第三种衍生形式，衍生作品几乎产生于复制，创新性极为有限，如平面藏品扫描而产生的高清图片。这种情况下，虽然按照著作权消极保护理论，产生衍生作品无须著作权人同意，但利用衍生作品需要征得著作权人

---

❶ 王亚军. 博物馆授权语境下IP与品牌关系分析[J]. 博物院，2020（5）：96-101.

❷ 张曼. 我国博物馆数字化建设中的版权困境与对策[J]. 西北大学学报（哲学社会科学版），2019，49（4）：58-65.

❸ 林秀芹，曾斯平. 论民间文学艺术衍生作品独创性的认定——以赵梦林京剧脸谱系列案为例[J]. 湖南社会科学，2013（6）：60-63.

第六章 博物馆品牌授权

的同意。❶因此，未经原著作权人同意，博物馆无法对这类衍生品对外授权。

已超过著作权保护期的博物馆藏品，进入公共领域。进入公共领域藏品的数字化衍生品，不会受到原著作权人追责，但博物馆能否对外授权使用？需要明确的是，博物馆可以授权的是已有的权利。作品超过著作权保护期，博物馆只能和其他人一样自由使用该作品，而不能将其作为许可内容授权他人使用，应避免"将处于公共领域的作品'据为己有'。否则，既违背了博物馆自身的社会角色和价值取向，也不利于公众精神文化生活的需求"。❷但是，基于超过著作权保护期的藏品而衍生形成的新作品，如果创新性达到著作权法意义上的"作品"，则可以对其独立著作权进行授权。

4. 博物馆职务作品和委托作品的权利归属及许可使用

职务作品和合作作品的著作权归属较容易存在争议。符合著作权意义的博物馆作品，大多数由博物馆的工作人员作为工作任务而完成，属于职务作品。职务作品著作权可归属博物馆或工作人员。按照《著作权法》的规定，主要是利用博物馆的物质技术条件创作，并由该博物馆承担责任的作品，著作权归博物馆所有，具体完成的工作人员，仅享有作品的署名权和获得相应报酬的权利；其他职务作品由工作人员享有，博物馆可优先使用，作品完成两年内，未经博物馆同意，工作人员不得许可第三人以相同方式使用该作品。因为法律对职务作品的著作权归属进行了区别划定，因此如果不能准确理解著作权归属博物馆的法定条件，职工与博物馆容易因职务作品著作权归属不清晰而产生纠纷。职务作品著作权归属博物馆应同时满足三个条件，即创作作品是博物馆派给工作人员的工作任务，工作人员完成该作品是履职行为；作品产生是利用了博物馆的物质技术条件；另外，该作品由博物馆承担责任。三个条件缺一不可。至于该作品是在博物馆规定的上班时间完成，或是下班时间完成，则不构成判断条件。"国家博物馆规定，国家博物馆摄影、摄像工作人员利用馆内物质技术条件为完成本职工作而形成的作品，其著作权归属于国家博物馆。摄影师享有作品发表时的署名权，利用影

---

❶❷ 张曼. 我国博物馆数字化建设中的版权困境与对策［J］. 西北大学学报（哲学社会科学版），2019，49（4）：58-65.

像著作权的经济权利应当归属于国家博物馆,国家博物馆给予摄影师适当的奖励。"❶

《故宫博物院影像资料管理办法》规定,"利用故宫博物院提供的摄影、摄像器材,通过工作程序安排布置拍摄的故宫博物院可移动文物和不可移动文物等各类形式的影像资料,均归故宫博物院所有","利用故宫博物院提供的摄影、摄像器材,通过工作程序安排布置拍摄的故宫博物院所有可移动文物和不可移动文物的影像资料,均属于职务作品,作者本人仅享有作品发表时的署名权。著作权的其他权利归故宫博物院所有"。

品牌授权中涉及职务作品,应确认著作权是否归属于博物馆。职工离职或者博物馆对著作权对外许可使用后,可能会产生博物馆与该工作人员的纠纷,进而影响品牌授权项目的执行。博物馆通常可在支付报酬的时候与职工明确约定著作权归属于博物馆,以减少后续使用可能产生的纠纷。这种约定既可以是工作人员对著作权归属博物馆无异议,也可以是工作人员同意将该作品著作权转让给博物馆。

因委托关系而产生的著作权,按照双方意思自治原则确定权利归属,没有特别约定的,著作权归受托人所有。因此,博物馆将某些业务委托、外包时,应提前明确约定著作权归属。委托时约定不明的,不宜作为许可标的而授权他人使用。故宫博物院与北京某数码信息技术有限公司曾因委托作品发生纠纷,双方对于三维动画片著作权归属产生争议,因合同中双方约定著作权归故宫博物院所有,故宫博物院赢得裁定。❷ 若无约定,故宫博物院仅可以依据委托合同在约定范围内或依创作的特定目的,免费使用该作品。由于委托合同拟定时,一般不知后续会用于哪些品牌授权项目,实际操作中也较难将品牌授权项目使用提前列入委托合同。

---

❶ 侯珂. 国家博物馆文物藏品数字影像版权化初探[J]. 中国国家博物馆馆刊,2012(5):130-136. 黄哲京. 博物馆影像资料著作权探讨——以故宫博物院为例[J]. 广州文博,2017(1):349-372.

❷ 黄哲京. 博物馆影像资料著作权探讨——以故宫博物院为例[J]. 广州文博,2017(1):349-372.

第六章 博物馆品牌授权

5. 品牌授权项目中新产生的著作权的归属

品牌授权中新产生的著作权的归属也应约定明确。一般的品牌授权中，新生著作权如有博物馆按照协议或合同参与创作，著作权应双方共有或按比例共有。"判断一件作品是否为合作作品，须考虑三个条件：当事人之间是否有合作协议、当事人是否按照合作协议约定履行义务并将贡献融入合作作品。不能同时满足这三个条件的、由两个以上的人共同创作的作品，可能是汇编作品、组合作品或者演绎作品，而不是合作作品。"[1]博物馆品牌授权实践中，有些情况下在品牌授权合同中约定了知识产权共有。但这种约定，并不能完全排除合作著作权争议的风险。如前所述，博物馆在品牌授权合同之外，没有达成合作作品的协议，而仅在品牌授权合同中以知识产权共有一笔带过，则不符合著作权法对合作协议的要求。

《著作权法》第十四条同时规定，"两人以上合作创作的作品，著作权由合作作者共同享有。没有参加创作的人，不能成为合作作者"。对著作权法规定的合作作品的"创作"存在两种理解。一种理解是按照字面的理解"凡没有参加创作，如仅提供资料、资金，是不能成为影像资料著作权人的。在权利的归属上，应注意权利人需至少在客观上参与了创作，并达到实质性的贡献"。[2]结合《著作权法实施条例》第三条关于创作的规定，"著作权法所称创作，是指直接产生文学、艺术和科学作品的智力活动。为他人创作进行组织工作，提供咨询意见、物质条件，或者进行其他辅助工作，均不视为创作"，没有参加创作，没有达到实质贡献，不得作为合作作者。这样看，博物馆在品牌授权中的很多合作行为，都不符合合作作者的要求。第二种理解则认为，创作和贡献实际上是两个方面的问题，合作作者要求的法定条件是达到贡献层面的参与创作，而不是实际进行创作。"合作的作品包含各方的贡献，而不必须是创作行为，合作作品中的贡献不同于《著作权法实施条例》第三条关于创作的规定，"直接产生文学艺术作品的智力活动"，当事

---

[1] 曹新明. 合作作品法律规定的完善[J]. 中国法学, 2012 (3): 39–49.

[2] 黄哲京. 博物馆影像资料著作权探讨——以故宫博物院为例[J]. 广州文博, 2017 (1): 349–372.

人之间只要存在有效的合作协议，各自按照协议中的分工完成工作，可以是对作品架构的设计，也可以是对作品的后期修改等等，都可以理解为合作作品的创作行为。"❶ 从第二种理解来看，博物馆确实可以对品牌授权中新生作品主张权利，但仍需注意提前就合作作品事宜达成合作协议，以形成具有法律效力的合作意思表示。事后追认的补充协议，容易被认为是当时并不具有"合意"，即"将各自的贡献结合成一件作品"的意思表示，而形成证据瑕疵。

  按照《著作权法》的一般规定，属于合作作品的，如合作作品可以分割使用，双方对各自创作的部分单独享有著作权，在不侵犯合作作品整体著作权的前提下，博物馆和合作方可分别行使各自权力；如合作作品不可以分割使用的，其整体著作权由博物馆和合作方共同享有，应通过协商一致后行使。"不能协商一致，又无正当理由的，任何一方不得阻止他方行使除转让以外的其他权利，但是所得收益应当合理分配给所有合作作者。"❷ 著作权双方共有，则一方不得单独申请著作权登记，或以该作品为基础申请外观设计专利。

  在品牌授权项目中涉及著作权许可问题的，著作权许可事项下的权利义务应一并纳入品牌授权合同。博物馆有保证许可标的权利归属明确的义务，被许可方（被授权方）有保证按合同约定使用博物馆提供的著作权资源并对资源保密的义务。如果许可期限内发生有关许可标的的侵权问题或纠纷，博物馆是否允许被许可方（被授权方）与博物馆一起共同进行维权，应于合同内约定。由于被许可方（被授权方）过错导致博物馆利益受损的，被许可方（被授权方）所承担的责任应在合同内有明确的体现。另外，应当尽量避免博物馆著作权的专有使用许可，专有使用许可意味着被许可人有权排除包括博物馆在内的任何人以同样的方式使用该作品；允许被许可方（被授权方）

---

❶ 曹新明. 合作作品法律规定的完善[J]. 中国法学, 2012（3）：39-49. 鲍恩宏. 文物藏品资源信息的著作权研究[J]. 中国博物馆, 2018（1）：8-13.

❷ 黄哲京. 博物馆影像资料著作权探讨——以故宫博物院为例[J]. 广州文博, 2017（1）：349-372.

再许可则易使著作权使用范围超过博物馆监管或控制范围,应谨慎。

二、文创产品外观设计保护

当下博物馆的品牌授权项目,以文创产品作为最终形态呈现的居多,因此涉及文创产品外观保护的问题。当文创产品具有美感的外观时,能够带给消费者视觉上的吸引力和美学愉悦感,吸引消费者,刺激购买欲。当代经济发展,同类产品越来越多,美感外观对产品销售的拉动作用日益凸显,在年轻一代的消费者群体中表现得尤为突出,年轻消费者愿意为了美丽的外观而支付更高的价格。博物馆的"爆款"产品,最易被抄袭。"借用"博物馆的"爆款"产品外观,不仅可以节约设计成本,而且可以制造混淆,攀附博物馆商誉,借博物馆知名度获取利润。博物馆文创产品取得外观设计专利的,受《专利法》保护。未取得外观设计专利,但符合《反不正当竞争法》"有一定影响的商品包装、装潢"的,可受《反不正当竞争法》保护。当产品外观经过长期稳定的使用,消费者通过产品外观识别商品和服务来源,产品外观就具有装饰和标识的双重属性,具有未注册商标的实际效果。仿冒该外观可能导致公众混淆,攀附博物馆商誉,构成不正当竞争。

1. 外观设计专利

外观设计专利保护的对象是设计方案,作用是满足审美需求,而非技术需求。《专利法实施细则》明确了"专利法所称外观设计,是指对产品的形状、图案或者其结合以及色彩与形状、图案的结合所作出的富有美感并适于工业应用的新设计"。《专利法》通过"赋予设计者对其设计方案在法定期限内的垄断性权利,以激励更多经营者生产富有美感的产品,在满足实用性的同时满足消费者的审美需求,刺激消费者的购买欲望"。[1]与著作权自动取得不同,外观设计专利权以专利申请被批准作为确权方式。河南博物院等博物院(馆)已经开始采用外观设计专利作为保护文创产品相应权利的

---

[1] 张惠彬,沈浩蓝. 公益与私益的衡平:外观设计到期后的竞争法保护路径——以王老吉包装、装潢案为切入点[J]. 厦门大学法律评论,2019(1):52-60.

常规方法,对博物馆重点打造、宣传的,已经热销和有迹象表明该产品即将受到社会关注的,及时申请外观设计专利。博物馆所申请的外观设计与现有设计或现有设计特征的组合相比具有明显区别,是外观设计专利申请被受理的基本要求,其中"现有设计"是指"申请日以前在国内外为公众所知的设计"。❶相比著作权登记,外观设计专利的审核更为严格,对原创性和唯一性的要求较著作权登记更高,且只有申请并获得批准后,才能获得外观设计专用权。获得外观设计专利后,该设计方案被公示,他人未经许可不得使用该设计,相似设计也不得使用。因此,对于博物馆文创产品或衍生品的设计而言,外观设计专利登记比著作权登记具有更大的保护力度。外观设计专利的保护范围一般为同类产品,不同类产品上的使用,一般不构成侵权。《中华人民共和国专利法实施细则》第二十八条规定,申请外观设计专利时,除了产品外观设计的图片外,还应当以简要说明的形式适当写明使用该外观设计产品的设计要点、请求保护色彩、省略视图等情况,且不得使用商业性宣传用语和产品性能说明的相关内容。

为了使权利的赋予最终达到保护公共权益的目的,《专利法》对保护期限进行了限制,过期或者权利消灭则进入公有领域,人人可用,以实现对外观设计专利权人、使用者和社会公众之间的利益平衡。❷《专利法》2020年修订后,外观设计专利权保护期限由十年延长至十五年。在保护期限届满后,该设计方案即进入公共领域,任何人都可以使用。外观设计专利权被宣告无效、未按规定缴纳年费、书面放弃其专利权等原因也将使该专利权消灭,提前进入公共领域。外观设计专利权可随商标权、著作权等共同作为品牌授权项目的授权标的,博物馆以外观设计专利权作为授权标的的,应尽力保证外观设计专利的法律状态稳定。博物馆如需对品牌授权项目过程中产生的设计申请外观设计专利,宜在品牌授权合同中提前约定申请人。双方共同设计的,可由合作双方共同申请,专利权归双方共有。但仍需注意的是,为

---

❶ 参见《专利法》第二十三条。

❷ 张惠彬,沈浩蓝. 公益与私益的衡平:外观设计到期后的竞争法保护路径——以王老吉包装、装潢案为切入点[J]. 厦门大学法律评论,2019(1):52-60.

第六章 博物馆品牌授权

了保护实际完成创新性贡献人的利益,专利法将设计人限定在对外观设计专利的"实质性特点作出创造性贡献的人",《中华人民共和国专利法实施细则》第十二条规定,"只负责组织工作的人、为物质技术条件的利用提供方便的人或者从事其他辅助工作的人",不是设计人。

外观设计专利具有时效性,随着社会审美和时尚潮流的变化而改变,当设计方案过时或不再被社会公众需要和喜爱的时候,该设计方案则失去了原有的保护价值。但也有一些经典的设计方案,即使过了外观设计专利的保护期,仍然被广大公众喜爱,这些已过保护期的方案不再受专利法保护,符合法定条件的,可通过著作权或有一定影响的商品包装、装潢等权益获得司法救济。外观设计专利过期后,进入公有领域,每个人都有使用和模仿的自由,其他人可以在同类产品上利用相同或近似设计方案,博物馆无法主张著作权。❶但模仿行为仍需符合诚实信用原则,当模仿行为可能带来或者已经带来攀附商誉等不正当行为,足以形成公众混淆时,将受到《反不正当竞争法》规制。当博物馆品牌授权产品的外观设计被他人抄袭,直接用于不同类的产品时,也可通过著作权获得保护。

2. 有一定影响的商品名称、包装和装潢

在一些情况下,博物馆的文创产品因被广泛关注而成为被模仿的对象。第一,热销的文创产品。热销产品不一定是刚刚推出的当季新品,有可能是产品已经推出了一段时间,在网络上不断被消费者点赞和好评,逐渐变成"网红"的产品,或者被自媒体人点评,带动大量粉丝关注,知名度不断提高的文创产品。第二,随展文创。知名度较高的特展,往往能够带动一批随展文创的传播和销售,进而产生"爆款"产品,甚至在特展结束后,产品热度仍可持续较长时间。第三,展会期间发布的新品,或者获奖产品。展会往往伴随大量的新闻报道和媒体采访,这些产品往往成为新闻媒体关注的对象,短期、大量的宣传报道能够吸引大量社会公众的关注。文创产品的知名度越高,其名称、包装和装潢越容易被他人模仿。

---

❶ 蔡丹琪. 论失效外观设计专利的著作权保护［J］. 学理论, 2019（3）: 89-91.

《反不正当竞争法》规定经营者不得擅自使用与他人有一定影响的商品名称、包装、装潢等相同或者近似的标识，使人误认为是他人商品或者与他人存在特定联系。部分文创产品外观由于博物馆的长期稳定使用，形成较强显著性，社会公众能够凭借产品外观而区分该产品来源于博物馆，则该外观或其主要识别部分成为事实上的未注册商标。当该文创产品产生足够的社会影响，达到一定的知名程度，其外观可能构成有一定影响的商品包装、装潢而受《反不正当竞争法》的保护。包装指为保护商品、方便储运、促进销售而采用的容器和包装材料等；装潢是为识别、美化商品而在商品或者其包装上附加的文字、图案、色彩及其排列组合。❶《最高人民法院关于审理不正当竞争民事案件应用法律若干问题的解释》第三条规定，营业场所的装饰、营业用具的式样、营业人员的服饰等构成的具有独特风格的整体营业形象，列入装潢的范围获得保护。名称，是指商品或服务独有的与同类产品或服务通用名称有显著区别的名称。

构成仿冒有一定影响的商品包装、装潢应同时具备三个条件：❷第一，被仿冒的商品必须具有一定的影响，即知名度；第二，被仿冒的商品包装、装潢必须起到区别商品来源的作用，即具有显著性；第三，对商品包装和装潢擅自作相同或者近似的使用（行为人主观方面具有攀附博物馆商誉的故意，客观方面使用了与博物馆商品、服务相同或近似的包装、装潢），造成与该商品相混淆，使购买者误以为是该商品。

"有一定影响的商品包装、装潢"中的"有一定影响"，并不要求商品达到驰名商标的知名程度，也无须在全国范围内广为公众所知，"具有一定的市场知名度"即可。❸"对知名度的判断应当综合商品的销售时间、销售地域、销售额和销售对象等因素在个案中加以认定"❹。"有一定影响的商

---

❶❷ 刘仁婧. 高仿包装要承担哪些责任？［N］. 北京日报，2019-10-16（014）.

❸ 《最高人民法院关于适用〈中华人民共和国反不正当竞争法〉若干问题的解释》第四条.

❹ 张惠彬，沈浩蓝. 公益与私益的衡平：外观设计到期后的竞争法保护路径——以王老吉包装、装潢案为切入点［J］. 厦门大学法律评论，2019（1）：52-60.

品包装、装潢"虽然达到了商业标识的客观效果，但与注册商标不同。注册商标是法定权利，而"有一定影响的商品包装、装潢"属于受法律保护的权益，最终目的是保护竞争行为的正当性，防止混淆。无论其他经营者使用博物馆"有一定影响的商品包装、装潢"后，其后果无论是相关公众将其商品误认为博物馆商品的直接混淆，还是相关公众误以为经营者与博物馆有某种联系的间接混淆，如使相关公众误认为该经营者经博物馆许可使用或该经营者为博物馆的关联企业等，都构成《反不正当竞争法》上的"混淆"。而"混淆"又有"实际混淆"和"可能混淆"两种情形，即已发生购买者实际误认的结果和具有足以使购买者发生误认的较高可能性，而不一定已经发生实际误认结果。❶需要注意的是，"可能混淆"中可能性应当是具有较高程度的混淆可能性，而一般程度的混淆可能性不属于《反不正当竞争法》上的"混淆"。

文创产品外观的显著性，也称识别性，并不是指该商品的包装、装潢具有新颖性或者独创性，设计上的新颖性和独创性也不能等同于法律上的显著性。产品外观设计不仅应考量设计上的新颖性和独创性，也应考量法律上的显著性。部分产品外观不具有固有显著性，但是经过博物馆长期的使用和宣传，获得了显著性，能够起到使一般公众识别产品来自博物馆的作用，那么该外观便有了显著性，他人仿冒应受《反不正当竞争法》规制。《反不正当竞争法》修订前使用的是"特有的名称、包装和装潢"表述。《国家工商行政管理局关于禁止仿冒知名商品特有的名称、包装、装潢的不正当竞争行为的若干规定》第三条中规定，"特有"是指商品名称、包装、装潢非相关商品通用，具有显著区别特征。新《反不正当竞争法》修订的时候删除了"特有"二字，并不是否定其显著性，而是意味着不再单独强调固有显著性，同时承认获得显著性。❷

博物馆的三类标识受《反不正当竞争法》保护。其一是商品或服务标

---

❶ 刘仁婧. 高仿包装要承担哪些责任？[N]. 北京日报, 2019-10-16（014）.

❷ 张惠彬, 沈浩蓝. 公益与私益的衡平：外观设计到期后的竞争法保护路径——以王老吉包装、装潢案为切入点[J]. 厦门大学法律评论, 2019（1）：52-60.

识，即有一定影响的商品名称、包装、装潢，未注册商标和商品形状等。该类标识被保护的范围包括完全相同和近似两种情况。近似指主要部分或整体印象相近，一般购买者施以普通注意力的情况下会误认。《国家工商行政管理局关于禁止仿冒知名商品特有的名称、包装、装潢的不正当竞争行为的若干规定》第五条规定："一般购买者已经发生误认或者混淆的，可以认定为近似。"其二是主体标识，即博物馆名称及其简称。其三是网络活动中的特殊标识，例如博物馆域名主体部分、官方网站名称、网页等。因为博物馆职能、属性的关系，很多标识的使用都属于非经营性使用。无论博物馆标识用于经营活动还是非经营活动，只要达到一定影响，都属于受《反不正当竞争法》保护的标识。但是，对方仿冒行为成立、被规范的前提是其仿冒博物馆有一定影响的标识，用于生产经营活动，包括用于商品、商品包装、交易文书、广告宣传、展览及其他商业活动。❶如果仿冒者将仿冒标识用于非生产经营活动，则不属于《反不正当竞争法》规定的禁止混淆行为之内。

《反不正当竞争法》规定的有一定影响的商品名称、包装和装潢均不包括已作为商标注册的情况。已经注册成为商标的，应按《商标法》赋予的商标专用权进行维权，《反不正当竞争法》的立法目的是保护市场公平竞争秩序，❷主要任务是保护市场经营者积累的合法商誉，保护相关公众业已形成的稳定认知（保护消费者不受混淆）。《反不正当竞争法》与知识产权专门法各有分工，"凡是知识产权专门法已作穷尽性规定的领域，反不正当竞争法原则上不再提供附加保护"。❸

博物馆有一定影响的商品名称、包装、装潢遭受不正当竞争损害时，既可以向市场监督管理部门投诉，也可通过诉讼要求对方承担民事责任。市场

---

❶《最高人民法院关于审理不正当竞争民事案件应用法律若干问题的解释》第七条。

❷ 张惠彬，沈浩蓝. 公益与私益的衡平：外观设计到期后的竞争法保护路径——以王老吉包装、装潢案为切入点［J］. 厦门大学法律评论，2019（1）：52-60.

❸ 最高人民法院《关于充分发挥知识产权审判职能作用推动社会主义文化大发展大繁荣和促进经济自主协调发展若干问题的意见》（法发〔2011〕18号）第五条。

监督管理部门查处迅速，可快速制止侵权；但权利人无法请求赔偿，如需对方进行赔偿，则应通过民事诉讼提出请求。《民法典》规定的承担民事责任的方式有：停止侵害；排除妨碍；消除危险；返还财产；恢复原状；修理、重作、更换；继续履行；赔偿损失；支付违约金；消除影响、恢复名誉；赔礼道歉。对于上述方式，博物馆可以同时要求多项，如要求对方停止侵害的同时，可以要求赔偿损失和支付违约金。赔偿数额包括博物馆因对方侵权发生的实际损失以及博物馆为制止侵权行为所支付的合理开支，如交通费、调查费、鉴定费、律师费等。《反正当竞争法》第十七条规定，实际损失难以计算时，按照对方因侵权所获得的利益确定。

三、商誉保护

1. 博物馆商誉和商誉权

"商誉是公众对于商业主体经营能力、服务水平、产品质量、商业信誉等各方面因素的综合性褒扬性评价。"❶ "商誉是产品或服务获得消费者喜爱与青睐的一种状态" "是消费者对某商品或服务的来源或某来源的商品或服务产生的一种抽象无形的正面情感" "商誉是一种经济利益，因为是社会公众或消费者对市场主体的一种积极评价，或对市场主体商业行为的良好感受"。❷ 商誉是无形的，不能独立存在，需要一定的载体来形成和凝结，也需要载体来体现。商标是商誉最重要的载体，商品的专有名称、特有装潢、广告等其他商业标识，也可以作为商誉的载体。

博物馆商誉可随其载体的授权而流转，如商标许可或品牌授权，使被授权方合理借用了博物馆的商誉。获得博物馆品牌授权的企业，合理合法地借用商誉带来的正面评价和良好感受，其商品和服务一经上市便可获得相应的市场认可，使其产品和服务如同"站在巨人肩膀上"，获得绝对的出发优势。

---

❶ 李传涛. 商誉权民事保护问题实证研究［D］. 包头：内蒙古科技大学，2020.

❷ 杨凯旋. 商誉连同商标回转的认识及批判［J］. 沈阳工业大学学报（社会科学版），2021，14（5）：472-480.

博物馆的商誉使被授权方获得热点效应，引发社会关注，获得市场信任，除了产品和服务的销售会起到积极正向促进作用外，被授权方自身的知名度和社会形象也会得到相应的提升。虽然被授权方应为此种优势支付对价，但是有限的经济成本与无限的市场潜力和得天独厚的竞争优势相比，足以让其竞相追逐。

博物馆文化权威的身份使得博物馆更易获得公众信任，树立品牌形象，提高品牌价值，但要打造一个非常成功的品牌，获得非常强劲的市场优势，逐步积累商誉是不可避免的过程。顺利的情况下，经过简单的商标注册，博物馆能够获取商标权，但只有经过长时间、反复使用的商标，才能产生商誉与竞争优势，使博物馆在品牌授权领域获得青睐。

商誉不等同于商誉权。博物馆的商誉权是博物馆作为商誉主体依法享有自身商誉不受侵害的权利。博物馆对商誉的保护通过商誉权的行使来实现。"商誉权的主体是以营利为目的从事商事活动时的一般民事主体。"[1]这就涉及一个关键性的问题，博物馆是否享有商誉权？非营利性质的文化机构，是否已然被排除在商誉权主体之外？非营利性质机构是否全然不可以从事任何营利性的项目，进而不可能积累商誉，享有商誉权？答案也非绝对。作为差额拨款单位的公益二类博物馆，其本身也有一部分自负盈亏的责任，在不改变机构整体公益属性的前提下，博物馆可以从事部分经营性的项目。国家要求博物馆不得过度商业化，绝非一刀切地不得开展经营活动。博物馆涉足文化产业，开展经营，除社会效益的诉求外，本身即含有一部分经济诉求，对于社会而言，博物馆也在从事一定的经营性项目，只是为了保证博物馆整体的公益属性，所获利润不得用于人员分红。

从《反不正当竞争法》规定的保护商誉的法律主体而言，博物馆也在其列，博物馆是《反不正当竞争法》保护的适格主体。"对某个法律主体适用某部法律，主要不是看这个法律主体的性质（公益性、营利性、法人、自然人、其他组织等），而是看这个法律主体实施的某个行为引发的社会关系

---

[1] 李传涛. 商誉权民事保护问题实证研究［D］. 包头：内蒙古科技大学，2020.

归属于哪部法律的调整范畴。"❶那么企业、事业单位、社会团体和机关法人皆可成为《反不正当竞争法》约束和保护主体。在"中国药科大学诉江苏某科技有限公司不正当竞争纠纷一案"中，江苏省南京市中级人民法院在判决中认定中国药科大学是事业法人，通过附属企业的经营活动，将其产品推向市场并且通过附属企业的上缴间接获利，"附属企业的上缴，已经成为中国药科大学的经费来源之一。因此，中国药科大学的市场经营者资格应予确认"。❷同理，博物馆也应当成为《反不正当竞争法》规范和保护的主体，《反不正当竞争法》保护商誉的范围自然应当包括博物馆商誉在内。当然，各博物馆参与经营活动的情况不同，我们不能假定所有的博物馆都具有很高的商誉，但博物馆应该有保护自身商誉不受损害的权利。

2. 博物馆商誉权的保护

当博物馆商誉受到侵害时，可通过市场监督管理部门举报的方式寻求法律救济。《反不正当竞争法》第十一条规定，"经营者不得编造、传播虚假信息或者误导性信息，损害竞争对手的商业信誉、商品声誉"；第二十三条规定，经营者因"损害竞争对手商业信誉、商品声誉的，由监督检查部门责令停止违法行为、消除影响"，并处罚款。竞争不应仅理解为博物馆之间的竞争，而是包括经营同类、类似产品和服务的其他经营者，如销售文创产品或提供类似授权服务的社会企业。行政查处的优点是监督检查部门接到举报可及时、快速处理，但是行政执法不包括赔偿商誉受损者经济损失。如果涉及经济索赔，博物馆应通过法律诉讼途径寻求司法救济。《反不正当竞争法》第十七条规定，赔偿数额按照"因被侵权所受到的实际损失确定；实际损失难以计算的，按照侵权人因侵权所获得的利益确定"。其中还应包括博物馆为制止侵权行为所支付的律师费、诉讼费、公证费、交通费等合理开支。

---

❶❷ 兰国红. 博物馆藏品影像化的法律风险及其应对［J］. 中国博物馆，2018（1）：3-7.

四、商业秘密保护[1]

尽管博物馆是公益性事业单位,但是世界知名博物馆的成功经验在一定程度上证明了当今博物馆所应具备的多功能性以及市场导向的特点,同时我们也看到国内很多的博物馆在重新理解自己的职责和使命,重新定位自己,以新的展览、活动、产品和各种服务,来适应受众群体不断变化的期望和条件。[2] 其中,开展品牌授权已演变为当代博物馆的职能之一。对外开展品牌授权,尤其是跨界授权,有助于博物馆借助外部社会力量和资源,向公众提供内容更加丰富、形式更加新颖的文创产品、活动和服务,为公众提供全方位的文化体验和文化消费。在沟通、洽谈和建立合作的过程中,潜在的合作方、实际建立合同关系的合作方,都需要与博物馆进行业务对接,了解博物馆相关情况,如博物馆文创产品设计图、博物馆运营模式、服务厂商、合作分成比例、盈利情况等。这些企业、机构都可能接触到博物馆的商业秘密。保护商业秘密,能够维护商业秘密为博物馆带来发展优势;商业秘密外泄,博物馆的优势便会有所损失。因此,博物馆应积极地保护自己的商业秘密。

(一)博物馆商业秘密的概念及认定

博物馆商业秘密是指不为公众所知悉、具有商业价值并经博物馆采取相应保密措施的技术、经营信息等,是博物馆知识产权的一部分。博物馆商业秘密主要包括非专利技术和经营信息两部分。非专利技术主要涉及藏品扫描数据、非专利性质的文物修复技艺,文创产品工程设计图稿、工艺流程、技术诀窍等;经营信息包含客户名单、货源信息、管理方法、产销策略等。例如,在技术方面,博物馆专业的藏品管理方法和技术手段、博物馆专有的HTML标记语言、科学的保存技术、与网络销售相关联的各种商业模式;在博物馆管理方面,博物馆会员、藏品捐赠者和各项资金支持方信息的数据

---

[1] 王月芳. 论博物馆经营活动中的商业秘密保护[J]. 法制与社会,2021(4):60-63.
[2] 姚安. 博物馆12讲[M]. 北京:科学出版社,2019:48.

库，博物馆获取资金支持的经验和方法，博物馆特殊的组织管理结构和模式等，都属于博物馆的商业秘密。❶

博物馆商业秘密必须具备秘密性、价值性、实用性三个要件。秘密性是司法维权过程中认定商业秘密的难点和焦点，是博物馆商业秘密的核心特征。主观层面上，秘密性是博物馆具有对该信息进行保密的主观意愿，采取了一定的保密措施；客观层面上，该信息应该是实际处于隐秘状态，即不为公众或行业普遍所知。博物馆商业秘密的价值既指已经实现的价值，也包括该商业秘密应用之后可能的潜在的利益或竞争优势。实用性是指博物馆商业秘密的客观有用性。同时具备秘密性、价值性、实用性三个要件，可认定为博物馆的商业秘密。

《反不正当竞争法》第九条规定，侵犯博物馆商业秘密的行为包括：以盗窃、贿赂、欺诈等不当手段获取博物馆的商业秘密；披露、自己使用、允许他人使用以前项手段获得的博物馆商业秘密；违反双方约定的保密义务或者博物馆有关保密要求，披露、自己使用或者允许他人使用博物馆商业秘密；教唆、引诱、帮助他人违反保密义务或者博物馆有关保密要求，披露、自己使用或者允许他人使用博物馆商业秘密。博物馆以外的其他自然人、法人和非法人组织实施上述违法行为的；博物馆的员工、前员工等明知或者应知博物馆商业秘密，实施上述违法行为的，等同侵犯博物馆的商业秘密。

（二）博物馆商业秘密保护策略

进行博物馆商业秘密保护，首先应准确识别博物馆非专利技术和经营信息中的商业秘密部分，进而对其采取适度的保密措施。防止博物馆商业秘密泄露和发生商业秘密泄露时及时采取有效的维权措施是博物馆商业秘密保护的两个维度。防止博物馆商业秘密泄露可分别从博物馆内部管理和博物馆对外合作管理两方面采取措施：对内主要通过建立严格的保密制度，增加保密措施；对外通过加强合作过程中的商业秘密控制并签订保密协议，增加合作方的违约成本等方式实现。博物馆的保密措施也是维权过程中，证明商业秘

---

❶ 莉娜·埃尔斯特·潘托洛尼. 博物馆知识产权管理指南［M］. 栾文静，陈绍玲，译. 北京：中国政法大学出版社，2019：39.

密"保密"性的重要证据。

1. 博物馆内部保密制度与保密措施

博物馆可通过制定保密制度，划定保密区域并实行严格管理，对博物馆内部人员进行涉密管理，签订员工保密协议或竞业禁止协议，建立专门的保密管理机构等方式加强博物馆内部保密能力。保密制度建设与采取各种形式保密措施的目标是通过对博物馆内部的有效管理，实现博物馆商业秘密有序和有效的保护，同时为博物馆商业秘密维权时举证"秘密性"提供依据。

（1）建立并强化保密制度。

博物馆应当建立商业秘密保护制度，而且应该使商业秘密保护制度与博物馆其他制度互相融合、互相补充。博物馆保密制度应该合法、合理并且具备实际可执行性。博物馆保密制度应包含博物馆商业秘密范围、商业秘密管理者及责任、商业秘密载体保密管理制度、商业秘密对外交流要求、涉密活动及会议管理制度、商业秘密档案管理制度、商业秘密申报与审查程序、保密义务和奖惩、职工聘期商业秘密归属等内容。

（2）实施严格的保密区域管理。

区域管理是指博物馆对涉密工作划定便于独立管理的专门区域。专门区域可以是某一个楼层，也可以是某部分可以独立管理的办公区。区域管理措施包括：在涉密区域内安装电子监控、防盗系统和人员身份识别设备，禁止非涉密部门人员随意进出涉密区域；实行博物馆访客登记制度，设置人员进出检查，对来访者拍照、摄像和录音设备限制进入或提供寄存服务，来访者须由涉密区域职工带领进入并全程陪同；博物馆涉密区计算机设置密码，对重要文件进行加密，将文件设置为禁止复制或更改，必要时拆除 USB 接口和光盘刻录；涉密计算机的维修应由博物馆设备专门维修人员进行操作，如需要外部维修人员进行修理应提前拆除存储设备；博物馆应对拟报废计算机的存储设备进行技术性清理，并禁止博物馆涉密计算机连接互联网等。

（3）提高博物馆员工的保密意识，强化涉密员工的日常管理。

博物馆应提高员工整体保密意识，尤其应当加强接触商业秘密的博物馆员工、博物馆管理人员、博物馆技术人员、博物馆服务人员的保密意识和保

第六章　博物馆品牌授权

密知识。通过定期和非定期保密培训，加强博物馆职工的保密意识、保密能力和责任意识。对博物馆涉密职工进行上岗前培训，就保密法律法规、保密知识技能、保密权利和义务等内容进行系统培训，使职工通过培训，了解相关法律法规，提高保密意识和能力，提高岗位责任感。明确博物馆涉密岗位和涉密员工的职能和责任，严格控制博物馆商业秘密接触范围。只有在必要的情况下才让博物馆职工接触到商业秘密，尽量避免向同一职工透露完整的博物馆商业秘密，可仅告知职工完成本职工作必须知晓的博物馆商业秘密。

（4）内部保密协议、竞业禁止协议和脱密期管理。

博物馆可通过内部保密协议、竞业禁止协议和脱密期管理加强对职工的保密管理。博物馆职工与博物馆签署内部保密协议等于职工承诺保守博物馆商业秘密，用以约束博物馆涉密职工在职期间遵守保密规定。竞业禁止协议主要用以约束职工离职后的保密行为。竞业禁止协议是指根据法律规定或合同约定，劳动者在任职期间或离职后一定期限内不得自营或者为他人经营与用人单位有竞争关系的同类产品或业务，[1]其目的在于约定涉密人员离职后，不得利用在原单位掌握的商业秘密从事行业内具有不正当竞争性质的业务。约定竞业禁止是指当事人基于民事合同或劳动合同的约定而产生的竞业禁止义务。博物馆应当注意与职工约定竞业禁止范围是"同类"且"有竞争关系"的行业或业务，期限一般为职工离职后六个月至两年，且仅能对博物馆涉密人员约定竞业禁止。同时，博物馆应当给予合理的经济补偿，用以弥补涉密职工在竞业禁止期内的经济损失。脱密期也称提前通知期，指掌握商业秘密的员工在劳动合同终止前或提出解除劳动合同后的一段时间。博物馆通过脱密期约定，可要求涉密职工在离职前提前通知博物馆，并再为博物馆工作一段时间，博物馆可以将职工调动到非涉密工作岗位，脱密期满后再办理离职手续。

（5）设立保密管理机构。

增强保密意识、保密制度和基本的保密管理是各博物馆从事经营类活动

---

[1] 李钟，于立彪. 企业知识产权管理基础［M］. 北京：知识产权出版社，2020：157.

或项目都应进行的工作。当博物馆发展到一定程度，或者经营性活动发展到一定规模，必然产生大量的技术信息和经营信息，此时有必要建立专门的商业秘密管理机构，进行更为完善的商业秘密保护工作。

2. 博物馆品牌授权中的商业秘密保护

品牌授权中使用博物馆文化资源和博物馆的智力成果，可能涉及需保密的商业信息，开展类似合作业务应注重商业秘密保护。为规避此类风险，在向相关人员透露商业秘密信息之前，应当采取相应保密措施，要求对方承担保密义务。在这个过程中，商业秘密的主要保密措施是先行签署对外保密协议，可以通过单独的保密合同确认保密义务，也可以通过业务合同的保密条款确定保密义务。对外保密协议是在双方拟进行合作，具备成立合同关系的条件，根据双方合作或交流的需要，博物馆需要将商业秘密告知对方的情况下订立。对外保密协议的主要内容包括合作涉及的商业秘密内容、保密范围、保密义务和保密期限、违约责任等。

涉及的商业秘密内容用以明确双方合作或者交流过程中可能涉及的商业秘密。博物馆可以要求被授权方只能在双方合作的范围内使用博物馆的保密信息，不能将博物馆的保密信息向任何第三方公开、转让、许可，也不以其他方式让无权、不必要接触该信息的第三方接触该信息。被授权方应约束其接触保密信息的员工遵守保密义务。如果双方最终未能建立合作关系，被授权方不能以任何方式公开、使用博物馆的保密信息；如果双方合作终止，被授权方应将博物馆保密信息及其载体返还给博物馆。被授权方及其下属机构、顾问、律师等应履行相同义务，否则被授权方也应承担连带责任。保密期限可约定商业秘密的保密期限长期有效，商业秘密信息未成为公众知晓信息之前，被授权方应该一直为博物馆保守商业秘密。

被授权方违反保密义务，披露博物馆商业秘密，将会给博物馆带来不可弥补的损失，而且具体损失可能较难准确评估和确认。博物馆可与接收秘密信息的一方约定一定的违约金，根据违约金条款，博物馆不需要证明其损失就可以要求支付约定的违约金。如果实际损失大于违约金的数额，且博物馆能够就此数额进行证明，则可以要求被授权方按照能够证明的损失进行赔

偿。对外保密协议的主要目的在于通过协议明确被授权方的保密义务，增加违约成本，明确违约责任，迫使被授权方自觉保守与博物馆合作中接触到的商业秘密。博物馆保密协议的订立和保密制度建设的共同点在于都可以在一定程度上防范商业秘密泄露，不同点在于保密协议的订立为商业秘密受侵犯时的维权提供了一定的赔偿依据。

(三) 博物馆商业秘密维权途径

国家知识产权局颁布的《关于禁止侵犯商业秘密行为的若干规定》，进一步对商业秘密的内涵做了规定，明确各级工商行政管理机关（现市场监督管理机关）是处理各类商业秘密纠纷的行政机关，以及可以采取的行政措施和行政处罚。该规定将商业秘密归于行政法保护之下，为博物馆进行商业秘密的行政保护提供了依据。《反不正当竞争法》和《关于禁止侵犯商业秘密行为的若干规定》确立的侵犯商业秘密的主要行政救济方式是责令停止违法行为和罚款两种。❶《反不正当竞争法》中商业秘密侵权的民事责任主要确定了损害赔偿责任和赔偿数额。博物馆商业秘密属于博物馆的智力劳动成果，《民法典》中有关保护知识产权的规定，也可作为追究侵权人的民事责任的依据。《民法典》中规定的停止侵害、排除妨碍、返还财产、恢复原状；赔偿损失；支付违约金；消除影响；恢复名誉；赔礼道歉等承担民事责任的方式，都适用于侵犯博物馆商业秘密的行为。

博物馆认为自己的商业秘密权益遭到侵犯进而进行维权时，负有一定的举证责任。第一，博物馆应举证该信息并未被公众或博物馆行业普遍了解，具有秘密性，并且能够证明该信息无法轻易从公开渠道获得。第二，博物馆应证明该信息属于深度的非表面信息。例如客户信息不应简单理解为合作方的名称或名单，应该包括公众不能轻易了解到的深度信息，如交易倾向、需求偏好、价格承受能力等。第三，证明博物馆对该信息采取了合理的保密措施，如对文件进行保密标记、保密办公区域进行人员进出限制、签署保密协议等。第四，原职工泄露博物馆商业秘密应举证该商业秘密形成的时间与员

---

❶ 张耕. 商业秘密法律保护研究 [M]. 重庆：重庆出版社，2002：341.

工履职于博物馆的重合性。

总之，商业秘密保护关系到博物馆发展优势、品牌优势和对被授权方的吸引力等，博物馆应重视商业秘密保护。博物馆商业秘密的有效保护需要博物馆加强内部涉密管理，并且在对外合作中明确涉密信息归属，注重保密协议或保密条款的签署；商业秘密被侵犯时应积极运用行政手段和司法手段进行维权，并在日常管理中注重信息保密性等相应证据的收集和整理。

小　结

博物馆领域的品牌授权具有特殊性。坚持社会效益为先，实现品牌授权中文化价值与经济价值的均衡，通过品牌授权项目丰富文化供给，促进文化传播，助力实现公民文化权利，是博物馆品牌授权与企业品牌授权的不同之处。由于博物馆伦理的约束，博物馆品牌授权应避免过度商业化，并保持品牌授权符合博物馆标准和发展方向。实践中可通过制度构建和合同约定实现对品牌授权项目的控制权；通过知识产权授权及维权制度对公共文化权利予以保障；通过制度建设促进传统业务与品牌授权融合式发展；建立适合博物馆具体情况的品牌授权标准，并通过合同义务将博物馆标准确定为双方共同遵守的标准；通过建立舆情监控与应对体系，优化博物馆品牌以增强公众对博物馆的信任等路径分别予以解决。

如前所述，并不存在品牌保护的专门法律法规，博物馆品牌最终通过商标权、著作权、专利权以及其他的法益获得保护。侵权可能来自被授权方，也可能来自第三方。在品牌授权中产生的法律纠纷涵盖因合同执行而产生的纠纷和第三方仿冒攀附而产生的纠纷。根据不同的情况，可分别依据《民法典》《商标法》《著作权法》《专利法》《反不正当竞争法》等寻求法律救济。博物馆品牌权益被侵犯时，具体以保护哪种权益为由寻求法律救济，要根据具体的案件情况分析，也可能一个案件中，既涉及商标权问题也涉及著作权问题，如何主张权利，具体采用哪种救济方式，还需根据博物馆注册登记情

第六章　博物馆品牌授权

况，结合时效、审查周期、对方侵权表现、证据收集的情况等综合评估。如果采用司法诉讼的方式，还需考虑诉讼为博物馆带来的舆情风险。

品牌授权涉及诸多的法律事务，尤其是在发生纠纷之后，需要专业法律团队提供支持。能够为博物馆品牌授权提供法律服务的机构主要为律师事务所和知识产权服务公司两大类型。一般情况下，知识产权服务公司在商标权、专利权等知识产权的申请、行政维护等方面更具优势，律师事务所则能够在司法诉讼等事务上提供更有力的支持。除此以外，博物馆内部应有专门的部门负责品牌授权项目的立项和执行，但其中涉及的法律事务，包括制度构建过程中涉及的风险防范和发生侵权后的维权处置，皆应由专业的法务团队给予指导。博物馆的决策层，在针对品牌授权作出任何重大决策之前，也应将法务团队的意见考虑其中。

如前面曾经探讨过的，博物馆品牌知名度较高的情况下，博物馆的商标比较容易成为被"攀附"的对象。但是，博物馆品牌尚未达到知名的程度，或者仅仅处于创立阶段，不代表商标权益就不会被侵犯。法律上的"反向混淆"即指不知名品牌被知名企业侵蚀的情况："将他人在先注册的商标用作商品名称等非商标类的商业设计标识"，"造成或者很可能造成消费者误以为在先商标所有人的商品或服务来源于后在商标使用人，或与其存在某种经济联系"，导致在先不知名品牌被迫成为在后大公司附属的现象。❶博物馆一直以来的积极正面品牌形象和独有的文化符号，容易成为被"借用"的对象。大品牌公司往往具有较高的实力进行相应的广告宣传和市场营销，可能使得"借用"来的原本不太知名的博物馆标识广泛传播，甚至家喻户晓。当消费者再次看见这种商业标识的时候，想到的只有大规模宣传的在后公司，从而使博物馆失去对品牌和商标的自我控制权，最终"为他人作嫁衣裳"，沦为他人品牌的专属。所以，在品牌发展的不同阶段，博物馆皆需要提高权益保护意识，防范在先，积极打击侵权现象。

---

❶ 龚佳顺. 商标在艺术设计中"反向混淆"问题的应对措施［J］. 大舞台，2012（2）：132-133.

第七章
立法建议与博物馆管理制度建设

实现对博物馆商标权和博物馆品牌的保护，必然依靠国家健全的法律体系和完善的司法制度。同时，在现有法律框架下，相对完善、合理的博物馆内部管理对博物馆商标权和品牌保护也有较大的现实意义。

第一节 博物馆商标权保护难点与立法建议

一、博物馆商标权保护难点

（一）抢注频发，维权成本超过博物馆承受能力

博物馆管理的遗产和博物馆品牌标识最易被抢注或者被模仿注册。抢注者多因这些标识的知名度而实施抢注行为。博物馆在打造自身品牌时也常选取镇馆之宝或者是代表性藏品资源的名称、图像或衍生图案，这些也是博物馆文化推广的优质资源，这些资源本身具有一定的知名度，加上博物馆积极进行文化传播和推广，抢注和攀附博物馆品牌者有增无减，模仿博物馆品牌标识注册商标的现象更甚。

博物馆的身份是遗产的受托管理者，博物馆以促进文化传播的目的使用遗产或藏品注册商标、打造品牌，具有一定的正当性。其他与遗产无关的

主体实施抢注行为，或为利用遗产知名度谋取商业利益，或为攀附博物馆商标、品牌知名度。在维权实践中，博物馆可通过商标监测、商标异议、无效宣告和"撤三"予以打击，但所耗费的经费之多，已超过博物馆承受力。商标权维护的费用，少部分为支付国家知识产权局的官费、法院诉讼费用，更大比例为知识产权代理服务机构代理服务费、律师代理服务费。由于法律和维权事宜的专业性所限，博物馆仅依靠内部人员难以独自应对，而维权事宜必然产生大量的代理服务费。博物馆靠国家及地方财政提供资金，维权经费最终转化为相应级别的财政压力。新冠肺炎疫情暴发以来，各级财政皆减少预算，博物馆经费更为紧张，以博物馆之力应对社会上众多的抢注行为，难堪重负。

（二）防御性商标被撤销

为了起到保护效果，防止他人抢注，部分博物馆选择全品类注册或者多品类注册，部分商标并未实际使用于产品或服务之上。任何商标达到连续三年不使用，且无不使用的合理理由，任何人都可以申请撤销。而防御性注册不属于不使用的合理理由。既无使用证据，也无不使用的合理理由，商标必然被撤销。被撤销后重新注册，时常又遇到在先近似而被驳回。

（三）使用及知名度证明难

博物馆并非企业，博物馆作为事业单位的主要职责在于保障公民文化需求。博物馆的产品或服务有低收费也有免费，特别是公益一类博物馆的产品和服务皆为免费提供。商标使用于免费提供的产品及服务，能否判定为商业性使用而纳入《商标法》保护的范围，可能会产生争议。

商业企业通常提供广告合同、多省市销售合同及对应的发票作为证明知名度的证据。博物馆的业务大多不进行商业广告宣传，注册商标知名度更多依靠博物馆本身的知名度和博物馆展览以及文化活动的知名度而积累。部分使用了博物馆注册商标的产品和服务仅在博物馆内部销售和提供。除了线上销售渠道外，博物馆通常不会构建全国性的销售渠道，绝大多数的博物馆较难提供跨省市的销售证据，例如销售合同及发票等。因此博物馆能够提交的使用证据与企业可提供的证据存在一定的差异。哪些证据有效，多靠实践经验的积累。外部专业法律团队提供的维权经验几乎全部源于商业企业的经验，缺少对博物馆等事业单位的针对性。

二、法律缺陷与立法建议

现行《商标法》未明确提及公共领域保留，对以公共文化资源注册商标的问题，多通过"不良影响"进行规制，造成了国家商标审查资源、博物馆维权资金浪费的客观情况。对公益一类和公益二类事业单位注册主体身份不作区分，客观造成不具有收费、经营职能的公益一类事业单位可获得注册，却难以提供使用证据或证明知名度的情况。《文物保护法》缺少与《商标法》等知识产权法律的衔接，可考虑借鉴《中华人民共和国非物质文化遗产法》（以下简称《非物质文化遗产法》）在附则中作出衔接。

（一）遗产商标与公共领域保留

1. 遗产商标注册的不正当性与现有法律缺陷

公民文化权利是国际公约和我国宪法保护的应然权利，应然权利需要转化为实然权利而获得更为实际的保障，"在文化权利从应然权利到实然权利的保障机制中，著作权法通过调整文化创新成果的创作、传播与利用关系，不仅使文化成果收益权经由著作权保护而得到切实保障，而且通过著作权保护条件、范围等制度设计，为公众文化参与、文化分享权利提供资源保障与行为指引，从而使宪法上应然的文化权利得到具体的部门法保障"。❶然而《商标法》在这方面还有所不足。虽然《商标法》不以保障公民文化权利作为直接的立法目的，但是在《商标法》执行的过程中，涉及公共文化资源转化为单一主体商标权的问题，如果《商标法》对公共资源以及公共资源的衍生资源作为商标注册的主体、权利归属、权利使用范围不做限定，必然导致个体私权和公共权利界限模糊，甚至出现私权不断滋长而侵蚀公共权利的问题。

---

❶ 杨利华. 从应然权利到实然权利：文化权利的著作权法保障机制研究［J］. 比较法研究，2021（4）：128-142.

第七章 立法建议与博物馆管理制度建设

《著作权法》对于保护期的限制，是为了平衡著作权人的权利和公众文化接触、文化分享权利，达到鼓励创新和传播，并使创新创作的成果最终归于公众自由利用。博物馆保存着大量已超过著作权保护期的藏品，包括不可移动文物，如古建筑、遗址遗迹；也包括可移动文物，如古书画、古瓷器、古陶器、古金银器、古漆器、古家具等。《文物保护法》第五条规定，这些文物绝大多数属于国家所有，是属于全体人民共有的珍贵遗产资源，不应该被个体注册，沦为个体私权。将公共资源据为己有，不符合知识产权法最终保护社会公众自由接近和使用知识成果的目标，也与《著作权法》的立法目的相背离。《著作权法》设置了保护期，超过保护期的作品进入公共领域，人人可用。倘若允许超过著作权保护期的作品，以商标的形式继续获得垄断权利，显然是背离知识产权法律体系的整体目标，也在一定程度上架空了《著作权法》。借文物的知名度和美誉度进行牟利，有损于文物的历史文化价值和公益性。除了文化遗产外，其他遗产资源，如古生物化石等资源也不宜随意转化为垄断性权利。

博物馆的大多数藏品，已进入公有领域，或者说博物馆的代表性藏品，绝大多数是公有领域的文化资源。因超过著作权保护期，理应按照法律要求进入公共领域，以保证个人的创新创造最终归于公共利益，而不被某个个体垄断。倘若某个个体基于个体利益，将其名称、图像等注册成为商标，并以此形成垄断权利，则与立法初衷相悖。博物馆知名藏品被抢注的并不鲜见。社会上不乏个体将其图形或名称注册为商标的行为。《商标法》应被完善，以杜绝遗产资源被无关主体抢注成为商标的现象。

《商标法》鼓励各法律主体创设商标，通过诚信经营，积累商誉，依靠正当竞争获取利益和竞争优势。以公共文化遗产作为商标申请注册或使用，对于竞争者、消费者和其他社会公众而言，也存在着不公平。被申请注册的遗产商标，多是具有一定知名度的遗产资源，其中不乏"搭便车"意图，只是申请人并非搭了其他知名商标的便车，而是搭了公共遗产的便车。遗产资源本身的知名度，不可避免地使基于其注册的商标也或多或少地具有一定的"先天优势"，这是遗产商标频频被抢注的原因。无关主体借用本应属于公共资源的文化遗产，不加以创新创造，反而在商业活动中垄断牟利，这种行为本身不具有正当性。

《商标法》第十一条规定了不得作为商标注册的三种情形，包括："仅有本商品的通用名称、图形、型号的；仅直接表示商品的质量、主要原料、功能、用途、重量、数量及其他特点的；其他缺乏显著特征的"。在不得作为商标注册的三种情形中，不涉及公共文化资源不得被注册为个体私权的内容。

《商标法》第十条不得作为商标使用的规定中涉及八种情形，包括："同中华人民共和国的国家名称、国旗、国徽、国歌、军旗、军徽、军歌、勋章等相同或者近似的，以及同中央国家机关的名称、标志、所在地特定地点的名称或者标志性建筑物的名称、图形相同的；同外国的国家名称、国旗、国徽、军旗等相同或者近似的，但经该国政府同意的除外；同政府间国际组织的名称、旗帜、徽记等相同或者近似的，但经该组织同意或者不易误导公众的除外；与表明实施控制、予以保证的官方标志、检验印记相同或者近似的，但经授权的除外；同'红十字'、'红新月'的名称、标志相同或者近似的；带有民族歧视性的；带有欺骗性，容易使公众对商品的质量等特点或者产地产生误认的；有害于社会主义道德风尚或者有其他不良影响的"。不得作为商标使用的，更不得作为商标注册。倘若依据现有法律条款，部分案例可落入"不良影响"规制范围而使博物馆获得救济。例如，中国国家博物馆"击鼓说唱俑"、河北博物院"长信宫灯"、四川广汉三星堆博物馆"三星堆"等案件中，相关商标皆通过实质审查而获准注册，依靠博物馆后续进行维权而获得解决，"不良影响"条款确实起到了一定的保护作用。其中的问题是，博物馆属于事业单位，依靠财政经费维权，这加大了国家财政的压力，商标局审理注册申请和无效宣告案件，也占用了相应的资源，原注册主体如在商标被无效宣告前将商标投入市场也必然涉及对该商标及相应品牌的培育所消耗的资本，商标被无效宣告对市场秩序也并非毫无消极影响。

2. 遗产商标应被归入公共领域

倘若在《商标法》范围内对基于遗址资源形成的商标给予公共领域保

第七章　立法建议与博物馆管理制度建设

留,将处理程序由无效宣告前置到注册申请实质审查,形成遗产商标予以直接驳回的实际效果,则可避免上述资源浪费等问题。

知识产权保护机制客观形成了专有权领域,而知识产权保护的最终目的是激励创新创造,促进知识的传播和利用,保证公众接触和利用知识的自由,二者之间存在矛盾,需要法律制度给予平衡。一般而言,公共领域与知识产权保护领域是对立的。被知识产权法律保护,则无法进入公共领域;但由知识产权法律制度进行公共领域保留,则保证落入公共领域的权利是公众的权利,而不是知识产权人的专有权利。公共领域概念有消极界定,如认为公共领域是知识产权中不受保护以及知识产权效力所不及的方面,❶以及积极的界定,如"知识产权法中社会公众可以不受知识产权人控制、限制且可以自由地接触和利用的部分"❷,进一步划分又包含如下方面:一是本身不受知识产权保护的方面,二是受知识产权保护客体中不受知识产权保护的方面;三是针对使用者的特定使用行为不受知识产权人控制、限制的方面。❸由此可见,文化遗产可归属于公共领域。《商标法》未明确提及公共领域,但这并不妨碍将文化遗产纳入公共领域的合理性。

商标法律制度,不仅应当保护商标权人的权利,而且应当为社会公众利用标识类资源进行社会活动提供便利。❹从我国整体商标保护实践看,扩张商标保护范围,导致挤压公共领域空间的情况并非罕见,因此有学者呼吁在《商标法》引入明确的公共领域保留。❺将遗产抢注为商标,属于典型的以公共资源私有化、不当得利的情形,宜统一划入公共领域保留。对公共资源申请注册其目的在于便捷地利用前人创造的知识产品,并使其私有化,形成申请人排他性地获取利益的工具。公共资源允许社会公众自由接近和使用,这里的使用绝非可以独占使用、垄断使用。

实践中存在博物馆作为遗产管理单位,为了防止他人滥用而进行注册的情况。倘若《商标法》对遗产商标给予公共领域保留,无关主体不可作为私

---

❶ 王太平,杨峰. 知识产权法中的公共领域[J]. 法学研究,2008(1):17-29.
❷❸❹❺ 冯晓青,李薇. 商标法中公共领域问题研究[J]. 法学论坛,2021,36(3):91-100.

权据为己有，博物馆便不再需要为了保护进行商标注册，这也与商标应以使用为目的的要求相一致，既节约了博物馆注册使用的国家财政资金，也节约了商标局审理注册案件所需要的资源，同时保证了公共文化权力不被知识产权私权所侵蚀。

3. 遗产商标、遗产标识与除外情形

将遗产商标纳入公共领域保留，不得作为商标使用，更不得注册，所面临的另外一项质疑是，剥夺了法律主体对其进行注册的权利是否构成对公共文化资源利用权利的破坏。公共文化资源人人可用，当遗产商标被归入公共领域保留，则不存在真正意义上的遗产商标，而仅有作为资源的遗产本身。社会公众个人基于欣赏、学习、研究等用途的使用，也不属于禁止使用的范围，将其列入公共领域保留，并不损害公共文化权利基础上的使用和传播。

在公共文化权利方面，博物馆有着特殊的作用和职责，博物馆对遗产和公众负有双重责任。博物馆受国家委托管理文化遗产资源，向公众提供文化分享、文化利用的机会，使公共文化权利得到更好地实现，助力公共文化权利获得更全面的保障。博物馆对遗产进行管理、保护和利用，使其发挥对于公众的最大效用。当遗产商标被归入公共领域，博物馆不再需要基于保护的目的而申请注册，但仍有可能需要将其用于文化事业。

博物馆受托管理文化遗产，其行为受政府直接领导和管控，应被视为国家意志的体现。正如第二章中"当代博物馆的职能"和第六章"博物馆品牌授权"中所述，当代博物馆涉及经营活动，但是由于国家对博物馆等事业单位的收入和支出执行收支两条线管理，博物馆经营活动中产生的经济收益，博物馆不得随意支配。由于其公益性的属性，博物馆在经营活动中获得的经济收益，最终将回归文化事业。所以，从性质上看，即便经营活动中对遗产标识进行使用，也应属于公益性使用或非营利使用。

对遗产商标进行公共领域保留，博物馆也不得将其用于经营活动，更不得注册。博物馆作为遗产资源的管理者，其文化职能的发挥将受到影响。因此，或可对博物馆等遗产管理机构设置除外情形，允许遗产管理单位在某些

第七章　立法建议与博物馆管理制度建设

情形下使用遗产商标,如以公益为目的的经营活动。为了保证允许博物馆在经营活动中使用,不会造成对公共资源的侵占,应同时规定博物馆对遗产商标的使用不得对抗善意第三人的合理使用,而仅将第三人商业性使用相同或近似遗产商标且同时攀附博物馆品牌造成产品及服务来源混淆的情形纳入法律规制的范畴。

为了实现权利的平衡,应对遗产商标列入公共领域保留的范围作出限制。倘若法律主体对遗产资源有所创新,形成新的商标,并已经形成有别于遗产本身的新含义,且同时具备《商标法》要求的其他条件,应被允许注册。有所创新并形成新含义,是基于遗产衍生的商标可申请注册的前提。

(二)"撤三"制度

如在前文中提到的,有些情况下博物馆进行了全类别注册,而全类别注册,被"撤三"的风险非常高。全类别注册不以实际使用为目的,目的在于防止混淆,维护公平的市场竞争秩序。

通常情况下,符合法定不使用正当理由的,可在法定期限内进行申辩。《商标法实施条例》第六十七条规定了法定的不使用的正当理由,包括不可抗力、政策限制、破产清算和其他不可归责于注册人的正当事由。出于公益性目的的防御性注册尚未被列入其中。不使用的正当理由遵循"不可归责于注册人"和"正当"两项前提。❶ 博物馆出于公益性的目的和文化保护的目的,应属于"正当",但对于是否符合"不可归责于注册人"存在不同理解。从博物馆履行社会职能的角度看,保护商标,防止他人滥用,进而到达保护文化应有的形象和内涵,是博物馆的职责所在,将其列入"不可归责于注册人"有一定的合理性。也有观点认为,《商标法实施条例》第六十七条的四项内容应该是并列关系,仅在同时到达"不能预见、不能避免、不能克服"时,才符合《商标法实施条例》列举的几种正当理由。❷ 如此,博物馆基于文化保护而进行的防御性注册,显然不能落入不使用的正当理由的范围。

《商标法》设置"撤三"制度,"目的是清理闲置商标,激活商标的价

---

❶ 姚丽华. 简析商标撤三答辩之不使用正当理由[J]. 中华商标,2021(9):65.
❷ 彭星. 商标不使用正当理由之政府政策性限制[J]. 中华商标,2021(8):56-58.

值，让商标维持生命力，帮助真正需要商标的主体获得商标权利"。❶不宜一刀切地对连续三年不使用的商标是否具有不使用的正当理由，是否应被撤销进行评判。激活商标资源，让真正需要商标的主体获得注册，前提是这些资源适合其他主体进行注册，由其他主体获得专用权并无不当。但是，博物馆注册的部分商标并不适合其他主体获得专用权，如博物馆名称类商标、遗产资源类商标。博物馆名称类商标，如博物馆名称及简称、展览名称、教育课程名称、文化活动名称，其他主体不适宜注册。遗产资源类商标前文已经做过分析，不再赘述。

对这些情况下的商标进行"撤三"，并不能起到释放标识类资源，以供适宜主体另行注册，激活商标价值的作用。一刀切地对全部连续三年不使用的注册商标，赋予他人"撤三"的权利，反而让别有用心者看到了希望，企图通过撤销博物馆的注册商标，为自己不当得利扫清道路。对博物馆的注册商标提出"撤三"申请，多为第一步，待博物馆的商标被撤销后，其他主体便可申请注册、使用相同或近似商标。倘若该商标不该由其他主体注册，新增长的注册需求，仅增加了注册案件的申请量，消耗了行政管理机关的资源，于市场公平和商标秩序构建并无实际益处，对于文化的正向传承和保护而言也非善举。因此，"撤三"制度固然有其合理之处，但是"撤三"制度本身也需完善，将全部商标的"撤三"申请主体扩大至全体社会公众，也未必完全合理。

（三）注册商标知名度及使用证明

一般而言，使用在产品上的注册商标知名度越高，产品形成的市场影响力越大，市场辨识度越高。商标知名度越高，被法律保护的力度越大，于维权和主张赔偿越有利。商标维权中的知名度是指可被证据证明的知名度，而不是一般公众认知中的知名度。

从实践中的客观情况看，博物馆注册商标知名度证明较难。一般情况下，证明博物馆商标知名度的材料包括：（1）博物馆商标被保护的记录，如

---

❶ 彭星. 商标不使用正当理由之政府政策性限制［J］. 中华商标，2021（8）：56-58.

对博物馆商标知名度作出过认定的裁定书、决定书、判决书等。裁判文书中对博物馆商标知名度事实的确认对新案件的审理具有直接参考价值，如商标持续使用时间、使用范围、使用商标产品的销售范围、销量和行业排名等。（2）与该商标有关的博物馆品牌或博物馆产品的获奖纪录（奖项名称、颁奖单位、获奖时间），权威机构发布的行业排名资料，能通过公开渠道进行核实的为佳。（3）主流媒体对博物馆品牌和产品的正面报道，如双品牌合作中使用了博物馆的商标，合作方对使用双品牌产品的广告也属于证明该商标知名度的材料，应注意将广告页、广告照片和广告合同、发票应形成证据链，用以在广告发布时间、地点、商标使用方式、使用程度等方面相互印证。（4）带有该商标的产品销售合同和发票，如合同体现的销售时间和地域范围可以覆盖对方当事人所在地区及对方抢注或者侵权行为发生前的时段，可以作为对方当事人明显应当知晓博物馆商标情况的证明。以上材料，也基本立于商业性使用的基础，若无商业性使用，则无上述证据材料，无法证明知名度，即使公益性使用产生了一定的知名度，也难以充分证明。

2010年以前，博物馆较少介入商业活动，也较少使用商标，对商标注册和保护的重要性认识不足。特别是公益一类的博物馆，由于受财政政策的限制，不得开展经营性活动，较难提供上述证据。即使公益一类博物馆申请注册成功，注册商标保护也将面临难题。博物馆是事业单位法人，是符合商标法规定的商标注册主体，博物馆注册商标应受法律保护。公益一类事业单位法人作为依法取得注册的一类主体，注册商标极少使用于经营性活动，这是该类主体共同的情况。《商标法》的注册主体资格包含了事业单位法人，但又没有将公益一类的事业单位排除在外，客观造成了公益一类主体可申请取得商标权，但较难进行商业使用，较难证明知名度的情况。知名度举证难必然造成这一类主体受保护公平性的问题。

商标法意义上的"使用"通常被定义为"商业使用"，"非商业使用"不属于商标法意义上的"使用"。在企业环境中使用注册商标，可将"商业使用"理解为"经营性使用"。博物馆为公益性事业单位，其公益属性表现为全部或部分依靠国家财政预算保障，向公众提供免费或者低收费的文化服务，兼顾提供部分文创产品。公益一类博物馆不得开展经营性活动，不得取得经营性收入；公益二类博物馆可以开展符合博物馆宗旨和要求的经营性活动。在公益一类博物馆，依据其专业业务活动及其辅助活动开展的收费项目列入事业性收费项目，其收入纳入事业收入，而非经营性收入，即公益一类博物馆在其专业业务活动及其辅助活动中使用其注册商标，不属于经营性项目中的使用，但博物馆的专业业务活动及其辅助活动属于博物馆的文化产生和文化服务，应归入商标法意义上的使用。

公益一类事业单位申请注册的商标，依据自身职能使用于公益性产品或服务之上，并不等于应被其他市场主体复制或攀附，营利性法人使用或注册公益一类事业单位的注册商标或近似商标，并不具有正当性，应被《商标法》规制。退一步考虑，服务于博物馆公益职能的标识涉及的是公共文化利益，无论其是否注册、无论是否应用于商业活动，都应予以保护。鉴于《商标法》之外，并没有非商业标识保护的专门法，加之公益一类博物馆仍然属于《商标法》认可的注册主体范围，对其注册商标或公益标识的保护仍然应被置于《商标法》的框架之下。博物馆对注册商标的使用，即使不属于经营性使用，只要使用于博物馆依据其职能提供的产品或服务，无论该产品或服务收费与否，即应被认定为商标法意义上的使用。在相应的案件中，体现博物馆对注册商标使用和其知名度的材料，应该予以考虑和认定。

（四）《文物保护法》与《商标法》的衔接

与博物馆密切相关的法律有《非物质文化遗产法》和《文物保护法》。为了提高对非物质文化遗产的保护力度，促进国家文明建设，2011年通过了《非物质文化遗产法》，确定了国家对具有历史、文学、艺术、科学价值的非物质文化遗产进行保护的法律基础，且较好地兼顾了法律之间的衔接问题，其中规定"属于非物质文化遗产组成部分的实物和场所，凡属文物的，适用《中华人民共和国文物保护法》的有关规定"；其四十四条规定"使用非物质文化遗产涉及知识产权的，适用有关法律、行政法规的规定"。而于2017年重新修订的《文物保护法》则未做类似的衔接。在市场经济高度发展的背景下，国家盘活文物资源，发挥遗产的资源价值，已然涉及了文物衍生资源的知识产权问题，对文物资源使用及保护中存在的知识产权问题，于《文物保护法》内作出衔接，有助于《文物保护法》的完整完善，也有利于国家法律体系的健全。

（五）对博物馆经营收入使用的法律确认

2005年发布的《博物馆管理办法》第四条规定，"国家鼓励博物馆发展相关文化产业，多渠道筹措资金，促进自身发展"。这其中的资金也包括商标许可、品牌授权等经营性收入。《文物保护法》则规定，"国有博物馆、纪念馆、文物保护单位等的事业性收入，专门用于文物保护，任何单位和个人不得侵占、挪用"，这就严格限定了事业性收入的使用范围。同时，国有博物馆和文保单位获得的经营收益应归入事业性收入，实行收支两条线，仅能用于与文物保护有关的事业，不得作为利润分配。❶ 如此，博物馆的收入皆属于事业性收入，按《文物保护法》的规定则仅能"专门用于文物保护"。

2012年，国务院发布《关于进一步做好旅游等开发建设活动中文物保护工作的意见》，要求"文物旅游景区经营性收入要优先用于文物保护"，❷ 从行文表述上"优先用于文物保护"相比《文物保护法》中"专门用于文物保护"有所放宽。同年，财政部和国家文物局联合印发《文物事业单位财务制度》，对文物事业单位的经营性收入、经营性支出的定义，经营性收入与支出应配比等方面的问题作出规定，并未涉及经营性收入使用范围的问题。2021年，中央宣传部等九部委联合发布的《关于推进博物馆改革发展的指导意见》，要求事业收入、经营收入和其他收入等，按规定纳入本单位预算统一管理，可用于藏品征集、事业发展和对符合规定的人员予以绩效奖励等。❸ 因增加了"对符合规定的人员予以绩效奖励等"内容，较《关于进一步做好

---

❶ 中央政府网转引自新华社. 文物局：国有文博单位不得作为企业资产经营［EB/OL］. (2011-05-24)［2021-10-12］. http://www.gov.cn/jrzg/2011-05/24/content_1870131.htm.

❷ 北京市文物局. 国务院关于进一步做好旅游等开发建设活动中文物保护工作的意见（国发〔2012〕63号）［A/OL］. (2018-01-23)［2021-09-13］. http://wwj.beijing.gov.cn/bjww/362760/362767/556574/556577/556739/index.html.

❸ 国家文物局. 关于推进博物馆改革发展的指导意见［A/OL］. (2021-05-24)［2021-09-20］. http://www.ncha.gov.cn/art/2021/5/24/art_722_168090.html.

旅游等开发建设活动中文物保护工作的意见》及其之前的规定进一步放宽。

不可忽视的问题是，在法律效力层面，由国务院发布的意见和由九部委联合发布的指导意见，其法律效力均无法超越《文物保护法》，在《文物保护法》未作出同步修订的情况下，国有博物馆经营收入的可使用范围能否扩大仍然具有一定的不确定性。

从国家的法律和政策的调整趋势分析，国有博物馆经营收入的使用趋于合理性放宽。未来，为了激励博物馆增强自主发展能力，经营收入的使用范围可能在现有基础上更为宽泛。经营性收入的合理合法使用，应建立在有法可依的基础上，需要《文物保护法》和《博物馆条例》等法律法规予以直接确认。建议《文物保护法》和《博物馆条例》修订时，增加商标许可、品牌授权等经营性收入的使用范围，或者授权国家文物主管部门制定国有博物馆经营性收入的具体管理办法。国有博物馆可根据法律修订情况，将相关收入的使用纳入管理制度，实现合理合法使用。

第二节　商标保护和品牌授权管理制度建设

博物馆商标保护和品牌授权，部分依靠我国法制的完善和国家商标管理制度的健全，另外其与博物馆内部管理具有密切的相关性。为了对博物馆商标提供最理想的保护效果，博物馆内部知识产权管理的完善也是博物馆知识产权实践中必不可少的环节。品牌授权管理体系主要由组织结构和相应的规章制度构成。组织结构明确专门的部门或团队负责品牌授权工作，确定专人负责跟进知识产权保护事宜和品牌授权合同执行。规章制度基于法律基础而设立，结合博物馆的具体情况，做到合法、合理和"接地气"，以便为品牌授权提供依据和"规矩"的同时，具备执行的现实可能。内部制度应与法律相一致，不得与法律相抵触，但制度本身不同于法律，立法者兼顾各行业和各领域的公平和秩序，而博物馆内部制度则更充分关注博物馆本身的需求，以及这些需求在法律框架内如何更好地得到满足。

第七章　立法建议与博物馆管理制度建设

一、商标保护与品牌授权管理的组织结构

博物馆应有专门团队或部门专职负责商标保护和品牌授权。当前博物馆的商标维权，大多完全依靠知识产权代理公司或是律师团队，而外部的维权力量仅能提供一般的法律支持，未必充分了解博物馆的特殊性，对博物馆的具体情况也难以全面掌握。代理博物馆的案件或者项目，一般采用调研的方式来了解具体情况，但这也只能使之了解到皮毛。虽然博物馆的团队需要外部法务机构提供专业支持，但这种支持更多表现在案件的处理和相关法律咨询。为实现博物馆商标保护和品牌授权的长期稳定、有效管理，应当依靠博物馆内部团队。外部机构给予的专业指导，也需要在内部有效地执行，才能达到实际作用，而且外部团队的经验大多来自企业，其指导应用在博物馆这样的非企业机构中，难以直接套用，也需要博物馆内部团队根据博物馆实际情况将其"本土化"才能够发挥作用。

不同博物馆采取不同的组织结构设置，商标管理和品牌授权管理的组织结构因博物馆自身组织结构的不同而有所差异。以故宫博物院的组织结构为例，故宫博物院下设职能部门和"品牌授权、合作项目审查小组"。审查小组与职能部门并设，分别应对项目立项评估和执行监管的不同需求。各部门将涉及品牌授权的项目报品牌授权、合作项目审查小组，审议通过后报院务会，院务会通过后准予立项。下属公司及关联公司涉及故宫博物院品牌资源和权益的授权项目，其立项程序与院属职能部门程序相同。品牌授权、合作项目审查小组的组长由分管经营的副院长担任，评委由财务、法律、预算和涉及经营主要部门的领导担任，审查过程中的程序性工作由文化产业管理处承担。

文化产业管理处是故宫博物院监督、管理、协调和服务各类经营活动的职能部门。主要负责：研究制定经营管理的规章制度；负责草拟文化产业发展规划，组织故宫文化产品和院级礼品的开发工作；负责院内经营活动的日常管理工作；负责对院属经营单位和合作经营单位的统一管理；负责经营

性合作项目、非经营性资产转为经营性资产、合资入股、资产处置等项目的审核和组织论证工作，并对投入经营的资产进行监督管理；负责故宫博物院无形资产商业使用的对外许可；负责商标的注册、续展和授权使用的管理工作；负责经营活动中对外宣传资料的审核工作等。[1]商标管理工作和品牌授权项目程序性工作统一于一个部门，有利于商标的维权和使用相统一。

二、商标管理制度

商标管理制度应全面包含商标确权、维权、使用等一系列与博物馆商标权有关系的管理事项，明确内部管理团队权责，明确对商标存档、商标使用审批流程、使用登记办法、使用规范、证据留存的要求等，实现商标权有效管理和规范使用。《恭王府博物馆知识产权管理规定》中规定了知识产权的管理机构，商标注册、专利申请、著作权登记、知识产权维权的基本要求，明确职务成果归属和对外委托的知识产权归属，同时涉及知识产权授权、委托、合作程序，知识产权合同签署等事项。

博物馆商标管理制度应体现博物馆文化公益机构性质，对公民文化权利预留"窗口"。特别是在对外许可使用的相关制度中，对非营利性许可使用充分提供便利，以体现公益性使用和非公益性使用的许可差异，如为公益性使用缩短申请流程和周期，提供费用减免政策等。

品牌授权管理制度中也涉及商标对外许可使用的内容，应考虑品牌授权管理制度与商标管理制度衔接的问题。商标许可使用已在商标管理制度中明确的，品牌授权制度中应予以确认，以保证同类问题的制度依据统一；在品牌授权管理制度中明确涉及注册商标许可使用的，依据商标管理制度执行；或在商标管理制度中列明，商标对外许可使用，参照品牌授权管理制度执行。

---

[1] 故宫博物院官网. 机构设置［EB/OL］.［2020-12-28］. https://www.dpm.org.cn/about/organization.html.

三、博物馆品牌授权管理制度

博物馆品牌授权管理制度以对内进行制度约束的形式，明确授权管理机构、人员及具体职责，确定授权什么、怎么授权、❶被授权方筛选❷等系列问题，明确项目监管的内容和范围，目的在于从博物馆内部形成品牌授权的标准和流程规范，以保障博物馆品牌授权符合法律法规、政策和博物馆伦理要求，符合博物馆发展应有方向，服务于博物馆文化事业的整体需求，符合博物馆公益性机构的基本属性，且符合市场经济和品牌管理的基本规律。

博物馆品牌管理制度建设应科学合理。博物馆品牌保护制度建设不得与我国法律法规及文化政策相抵触。首先，品牌授权管理制度应确定品牌授权项目中博物馆可以授权什么。通常，品牌授权以商标许可为核心，但不局限于商标许可。品牌授权实际是综合性授权，根据实际需要，博物馆的商标权、著作权、名称权、外观设计专利权、非注册商标等标识，只要其权益属于博物馆的都可作为品牌授权标的。

其次，应明确被授权方的选择标准。根据品牌合作意向的类型，可将具

---

❶ 从品牌最终的呈现而言，品牌授权有单品牌授权和品牌联合授权两种方式。单品牌授权通常是对方没有自己的品牌或品牌影响力较弱，需要博物馆品牌提高产品和服务的知名度。产品和服务中只体现博物馆的品牌，对方则以生产方、出品方、服务提供方等身份出现在产品、服务或宣传中。拥有自身品牌，尤其是品牌本身已较为知名的合作方，往往会选择品牌联合的方式，即博物馆品牌和对方品牌同时出现在产品和服务中，双方品牌互相影响。两个知名品牌叠加，往往可以发挥单品牌无法比拟的影响力。故宫博物院和伊利的品牌授权就是这种情况。故宫博物院和伊利都是各自行业内极为知名的品牌，双方不存在哪一方"借势"的问题，两个行业的知名品牌联合，有助于"造势"，在社会上迅速引起关注，博物馆方面借助新闻效应传播文化，企业借助新闻效应增强品牌文化性，吸引更多消费者的关注。

❷ 早期的品牌授权多以直接授权为主，近年来参与品牌授权的博物馆越来越多，专注于授权服务的居间公司日益发展成熟，也出现了由委托代理商委托授权的形式。苏州博物馆采取了直接授权和委托授权二者并存的授权形式，在战略合作、公益合作、品牌文创产品合作中采用直接授权，并委托授权代理商积极拓展授权业务。

有合作意向的潜在被授权方划分成两类。一类为利润导向型，一类为宣传导向性。在向博物馆表达授权合作意向的诸多企业中，利润导向者占据较大比例，特别是在授权展会洽商的过程中，对方利润导向的意图表现更为明显。授权展会受展会时间限制，具有合作意向的企业往往更直接地表达自己的合作意向，以期在较短的时间内获得更多有关合作的信息。利润导向型合作方由于其利润驱动，对品牌价格更为敏感，在项目执行过程中，对利润回报率的要求更为迫切，违约销售、违约转授权的可能性相对较高。宣传导向型则侧重"背书"和"站台"效果，对博物馆品牌合作的诉求趋向广告效果，能接受相对较高的授权费用，后期往往宣推力度较大，对利润回报率的期待较为理性，较少出现在产品销售、转授权方面的违约行为，但博物馆对其宣传的监控，应更为严格，以降低舆情风险。另外，被授权方的既有业绩、商业信誉、企业规模、创新能力、产品特色、对博物馆文化理解和运用能力等因素，也都应纳入博物馆筛选的标准。

流程设计也是品牌授权制度建设的一部分。科学合理的流程设计有助于博物馆的执行人员明确授权的操作步骤和要求。由于博物馆文化公益机构的特殊属性，为了避免品牌授权产生过度商业化的风险，应始终坚持对意识形态优先审查，并保留产品及宣传的最终审定权。流程设计可能无法一步到位，随着品牌授权实践中产生的各自问题，可能需要对流程进行调整。

建立信息公开机制，增加授权信息公开渠道。以博物馆授权代理为名招揽生意的企业不在少数，公众往往真假难辨。"建立品牌管理'黑名单'制度，对博物馆品牌知识产权造成侵害、损害的，在品牌授权交易中违约的，污损博物馆品牌形象等各类不利于博物馆品牌及其管理的行为主体建立负面评价名单，限制或排除其参与博物馆品牌授权相关交易，对净化品牌管理和使用环境、防范恶意交易具有积极意义。"[1]除了"黑名单"制度以外，还可以设立"白名单"制度。"白名单"与"黑名单"相对，通过对合法的被授权方或合作方进行"白名单"公示，让社会公众了解博物馆实际开展的品牌

---

[1] 刘松林. 论博物馆品牌保护[J]. 博物院，2021（5）：74-79.

第七章　立法建议与博物馆管理制度建设

授权项目以及具体的品牌授权产品、授权期限等信息，以达到帮助公众识别仿冒产品、减少社会企业"攀附"的效果。

小　结

博物馆商标保护部分依靠我国法制体系的健全，部分依靠博物馆内部管理制度的完善。立法层面对遗产商标进行公共领域保留，完善"撤三"制度，在《文物保护法》与《商标法》之间作出衔接，对博物馆品牌授权的收入使用提供法律依据等将有助于博物馆商标保护和品牌授权。此外，博物馆内部完善的组织结构和健全的管理制度，有利于管理秩序化、规范化，有利于商标权保护和品牌授权实践系统地推进，对博物馆商标保护和品牌授权具有重要意义。

总　结

　　博物馆对商标权的需求与多样化的职能有直接的关系。博物馆职能中仅有一部分与经营性业务相关，而大部分的职能是事业性职能，即提供文化保障性产品或服务，部分免费，部分少量收费，主要目的是文化普及和传播，服务于公众的文化需求。现行《商标法》给予博物馆等事业单位商标保护的途径、救济方式和举证责任等与企业无异。博物馆的业务大多不进行商业广告宣传，对举证商标知名度存在一定的困难，部分产品和服务仅在博物馆场馆内销售或免费提供，能够提交的使用证据也与企业可提供的证据存在一定的差异。哪些证据有效，多靠各博物馆根据实践经验积累进行判断，较少进行商标维权的博物馆即使有外部法律团队的支持，也较难抓住重点。外部专业团队提供的经验几乎全部源于企业案例，缺少对博物馆等事业单位的针对性。博物馆商标保护相对滞后，与博物馆不是商业性主体，普遍缺少商业环境中知识产权保护的敏感性和前瞻性有一定的关系。博物馆领域的商标保护问题，也较少受到法学领域和商标管理部门的关注。

　　博物馆商标权保护日益受到挑战。品牌授权作为博物馆商标对外许可使用最普遍的方式，一方面提高了博物馆商标知名度，另一方面也激发了社会上更多的攀附和模仿行为。博物馆品牌授权不同于企业的品牌授权，除了法律的要求外，国家文化政策和博物馆伦理的要求对博物馆品牌授权的开展也具有重要影响。

　　博物馆作为事业单位的主责在于保障公民文化需求，其行为在一定程度

总　结

上体现了国家意志和政府决策。可被博物馆申请注册的商标，并非全部适宜其他主体进行注册。博物馆受托管理文物等藏品资源，利用藏品资源以发挥其效用，提供丰富的文化产品和服务，满足公众的文化需求是博物馆的职责所在，在立法修法过程中，宜结合博物馆事业单位的特殊性，为博物馆商标注册、维护提供保障。

后　记

　　在博物馆学领域，商标权保护属于相对边缘的内容。法学领域对博物馆商标权保护专题研究也比较少，这正体现出博物馆商标权保护研究的薄弱。同时，博物馆商标权是博物馆重要的知识产权，具有资产属性，维护好商标权可对博物馆整体事业发展发挥积极助推作用，应给予关注，也值得深入研究。

　　博物馆的商标保护实践是动态变化的过程，就如同商标权的状态。书中形成的关于商标保护的观点和结论，未必能够长久地适用，也未必适用于所有的博物馆。为了使内容有益于博物馆学研究以及博物馆实践，也为了使内容相对丰富且具有针对性，本书撰写过程中尽可能收集博物馆商标保护和品牌授权的代表性案例。由于现有案例多集中于国有博物馆，对于企业博物馆和私人博物馆的情况，未能尽数囊括其中，内容难免存在疏漏和不足。加之，本书乃工作之余完成，能力及精力所限，至于此，仍有诸多待完善之处，恳请各位读者包涵和指正。

参考文献

[1] 陈红京. 博物馆学概论[M]. 北京：高等教育出版社，2019.

[2] 贺华. 浅析当代博物馆教育与公众文化生活[J]. 中国博物馆，2019（3）：100-104.

[3] 成建正. 当代博物馆的文化传播与服务——从陕西历史博物馆谈起[J]. 中国国家博物馆馆刊，2012（8）：45-48.

[4] 温京博，马宝霞. 数字时代的博物馆：快乐、体验和新知[J]. 东南文化，2021（4）：185-190.

[5] 吕章申. 当代博物馆的文化传播与公众服务[J]. 中国国家博物馆馆刊，2012（8）：22-23.

[6] 于冰. 国有文物"不得作为企业资产经营"辨析[J]. 东南文化，2018（2）：13-19.

[7] 孙鹏. 我国博物馆版权产业的探索与思考[J]. 中国博物馆，2019（4）：106-111.

[8] 武亮，申睿. 文化授权视角下博物馆文创产品研发行为及知识产权保护分析[J]. 电子知识产权，2020（6）：98-108.

[9] 陈淑卿. 国家一级博物馆商标注册情况初步分析[J]. 博物院，2018（1）：55-65.

[10] 莉娜·埃尔斯特·潘托洛尼. 博物馆知识产权管理指南[M]. 栾文静，陈绍玲，译. 北京：中国政法大学出版社，2019.

[11] 郑悦迪. 商标注册制度中的"使用意图"要求比较研究[J]. 知识产权，2020（4）：74-83.

[12] 李明德. 两大法系背景下的商标保护制度[J]. 知识产权，2021（8）：3-20.

［13］陈锦川. 商标授权确权的司法审查［M］. 北京：中国法制出版社，2014.

［14］黄晖.《商标侵权判断标准》出台回应商标执法的热点和难点［J］. 中华商标，2020（7）：8-12.

［15］王亚军. 博物馆授权语境下 IP 与品牌关系分析［J］. 博物院，2020（5）：96-101.

［16］来小鹏，杨美琳. 博物馆相关知识产权法律问题研究［J］. 中国博物馆，2012（4）：63-66.

［17］吕红岑. 注册商标无效宣告制度研究［D］. 上海：华东政法大学，2019.

［18］王迁. 知识产权法教程（第五版）［M］. 北京：中国人民大学出版社，2016.

［19］李雷，梁平. 论我国商标授权确权程序的优化［J］. 知识产权，2017（7）：74-80.

［20］钟鸣.《商标法》第 44 条第 1 款评注［J］. 知识产权，2020（2）：26-38.

［21］王莲峰，曾涛. 国际视角下我国未注册驰名商标保护制度的完善［J］. 知识产权，2021（3）：54-68.

［22］栾文静. 博物馆商标权保护研究——以故宫博物院为例［J］. 中国博物馆，2016（1）：52-59.

［23］孔祥俊. 商标法与不正当竞争法——原理和判例［M］. 北京：法律出版社，2009.

［24］杜颖，何吉. 驰名商标"按需认定"原则辨析［J］. 电子知识产权，2020（8）：20-30.

［25］王黎莹，刘云，肖延高. 知识产权管理［M］. 北京：清华大学出版社，2020.

［26］吕雪莲. 特色文化品牌标识的美术设计——评《品牌标识创意与设计》［J］. 中国高校科技，2021（6）：110.

［27］北京市高级人民法院知识产权审判庭. 商标授权确权的司法审查［M］. 北京：中国法制出版社，2014.

［28］李梦华. 商标双重许可下在先独占被许可人的救济［D］. 上海：华东政法大学，2019.

［29］傅宏宇，谭海波. 知识产权运营管理法律事务与重点问题诠释［M］. 北京：中国法制出版社，2017.

［30］法律出版社法规中心. 中华人民共和国合同法注释本［M］. 北京：法律出版社，2013.

［31］雷霆. 合同审查精要与实务指南［M］. 北京：法律出版社，2018.

［32］蒋菡，郁颖莹. IP授权模式下博物馆发展文化传播新业态的探索——以苏州博物馆为例［J］. 博物院，2021（2）：47-51.

［33］朱红亮. 品牌概念的发展嬗变［J］. 西北师大学报（社会科学版），2009，46（4）：118-120.

［34］杨毅，谌骁，张琳. 博物馆文化授权：理论内涵、生成逻辑与实施路径［J］. 东南文化，2018（2）：112-118.

［35］刘敏. 公共文化服务——从均等化到品质共享［M］. 北京：中国经济出版社，2019.

［36］柳斌杰，雒树刚，袁曙宏. 中华人民共和国公共文化服务保障法解读［M］. 北京：中国法制出版社，2017.

［37］李晓东. 文物保护法概论［M］. 北京：学苑出版社，2002.

［38］兰国红. 博物馆藏品影像化的法律风险及其应对［J］. 中国博物馆，2018（1）：3-7.

［39］张曼. 我国博物馆数字化建设中的版权困境与对策［J］. 西北大学学报（哲学社会科学版），2019，49（4）：58-65.

［40］林秀芹，曾斯平. 论民间文学艺术衍生作品独创性的认定———以赵梦林京剧脸谱系列案为例［J］. 湖南社会科学，2013（6）：60-63.

［41］曹新明. 合作作品法律规定的完善［J］. 中国法学，2012（3）：39-49.

［42］蔡丹琪. 论失效外观设计专利的著作权保护［J］. 学理论，2019（3）：89-91.

［43］李传涛. 商誉权民事保护问题实证研究［D］. 内蒙古：内蒙古科技大学，2020.

［44］姚安. 博物馆12讲［M］. 北京：科学出版社，2019.

［45］李钟，于立彪. 企业知识产权管理基础［M］. 北京：知识产权出版社，2020.

［46］张耕. 商业秘密法律保护研究［M］. 重庆：重庆出版社，2002.

［47］杨利华. 从应然权利到实然权利：文化权利的著作权法保障机制研究［J］. 比较法研究，2021（4）：128-142.

［48］王太平，杨峰. 知识产权法中的公共领域［J］. 法学研究，2008（1）：17-29.

［49］冯晓青，李薇. 商标法中公共领域问题研究［J］. 法学论坛，2021，36（3）：91-100.

［50］宋朝丽. 博物馆资源开发初始产权管理［M］. 北京：知识产权出版社，2021.

［51］张瀚予. 博物馆管理与伦理问题研究［M］. 北京：人民出版社，2017.

［52］郑奕. 博物馆教育活动研究［M］. 上海：复旦大学出版社，2019.

［53］孔祥俊. 反不正当竞争法新原理·原论［M］. 北京：法律出版社，2019.

[54] 安雪梅，袁杰，彭志强，等．知识产权管理［M］．北京：法律出版社，2015．

[55] 陆建松．博物馆展览策划：理念与实务［M］．上海：复旦大学出版社，2020．

[56] 耿超，刘迪，陆青松，等．博物馆学理论与实践［M］．北京：科学出版社，2018．

[57] 蒂莫西·阿姆布罗斯，克里斯平·佩恩．博物馆基础［M］．郭卉，译．南京：江苏凤凰文艺出版社，2022．